本书系中央高校基本科研业务费项目(项目编号：20720140031)研究成果。
The book is supported by the Fundamental Research Funds for the Central Universities(No.20720140031).

中国传媒组织治理结构创新研究：
基于利益相关者理论的视角

殷琦 / 著

厦门大学出版社
XIAMEN UNIVERSITY PRESS
国家一级出版社
全国百佳图书出版单位

图书在版编目(CIP)数据

中国传媒组织治理结构创新研究:基于利益相关者理论的视角/殷琦著.
一厦门:厦门大学出版社,2015.9
(厦门大学广告与传播艺术丛书/陈培爱主编)
ISBN 978-7-5615-5586-6

Ⅰ.①中… Ⅱ.①殷… Ⅲ.①传播媒介-经营管理-研究-中国 Ⅳ.①G219.2

中国版本图书馆 CIP 数据核字(2015)第 174743 号

官方合作网络销售商:

厦门大学出版社出版发行

(地址:厦门市软件园二期望海路 39 号 邮编:361008)
总编办电话:0592-2182177 传真:0592-2181406
营销中心电话:0592-2184458 传真:0592-2181365
网址:http://www.xmupress.com
邮箱:xmup @ xmupress.com
沙县四通彩印有限公司印刷
2015 年 9 月第 1 版 2015 年 9 月第 1 次印刷
开本:720×1000 1/16 印张:11.25 插页:1
字数:196 千字
定价:30.00 元
本书如有印装质量问题请直接寄承印厂调换

序

改革开放迄今三十余年间，中国社会发生了巨大转型且这种转型远未完成，但我们可以看到已有的转型给中国社会带来的深刻持久的改变：政治体制由集权走向分权、经济体制改革逐步释放出市场力量，传统的政府角色也开始为市场所取代。在这一过程中，作为社会子系统的传媒系统自然而然的也发生着巨大根本的转型。传媒从单纯的"宣传工具"到"新闻组织"与"宣传工具"并重的转型，从"事业单位"向"事业单位、企业化运营"和"事业企业两分开"的转型，对传媒研究的基本视角、研究方式和理论范式也产生多元的要求。其中，基于经济学的研究视角和理论范式也成为传媒研究的重要路径。

一直以来，体制改革都是传媒改革的核心内容。传媒体制改革的相关议题也理应受到更多关注。如果说体制改革是宏观话语，那么与体制相关的作为宏观市场主体的传媒组织的经营、管理、治理、产权等则是具体话题。在2003年启动的新一轮文化体制改革背景下，传媒体制改革走入分类改革与转企改制的改革新阶段。按照这一阶段的改革部署，传媒组织分为公益性传媒事业单位与经营性传媒组织，而对于转型为企业的传媒组织而言，建立现代企业制度并完善法人治理结构成为其改革的重要环节。

殷琦博士的《中国传媒组织治理模式创新研究：基于利益相关者理论的视角》一书正是在文化体制改革与传媒体制改革的背景下，对中国传媒组织治理结构的理论与实践予以研究，从而为分析传媒产业发展与传媒体制改革提供独特的视角的一本专著。这本专著在尊重中国传媒变革的基本路径选择的基础上，主要应用企业管理学和经济学的相关理论资源，对影响媒介组织运营效果和发展壮大的根本内部因素传媒内部治理结构进行了探索性的研究和思考。这种研究不管是从问题意识、理论资源、分析框架和基本结论，还是从实务关照等方面，都有利于对正在转型发展中的我国市场经营性的传媒组织的进一步市场化改革理清思路、提供建议，当然也有助于我们形成对中国传媒业在市场发展转型中的微观企业经营管理形成更深刻也更全面的认识。

的确，企业治理自 20 世纪 80 年代始引发广泛关注，并逐渐成为经济学、管理学、法学等众多学科共同关注的交叉性课题，几十年来一直方兴未艾、常论常新。但无论是在企业治理理论发源地的美国及其他西方国家，还是正经历着市场化转型的中国，目前关于现代企业制度与企业治理的主要研究成果都是以一般性国有企业或家族企业的经验为基础，从这些类别的企业治理实践中衍生出理论并用于指导实践，却较少论及传媒组织或传媒组织。自然，经验表明，传媒组织与一般性企业虽并非泾渭分明，在对治理结构的一些原则性认识上存在一致之处，如要保护股东和利益相关者利益，避免内部人与外部人过度控制，保障内部监督制衡机制以及健全市场和政府等外部治理机制等；但我们也必须清晰地认识到，它们之间仍然存在不少差异之处，如传媒组织的双重属性、长期以来事业单位身份的影响以及党和政府在传媒治理结构中的特殊地位等，使得传媒组织治理结构存在一些特别之处，其治理结构的制度安排与创新显然不能照搬照抄现有的成熟的、完全市场化的企业治理理论。基于这样一种认识，《中国传媒组织治理模式创新研究：基于利益相关者理论的视角》一书将企业治理理论选择性地应用于传媒领域，结合中国传媒组织的特殊属性与独特发展路径对其治理结构进行深入审思，既使得企业治理理论的研究对象不再局限于一般性企业，拓展了企业治理理论的应用范围，也有利于传媒领域相关研究的深化。

治理结构既然是一种制度安排，其变迁与改革过程也遵从并呈现出制度变迁的一些特点，在这之中，制度变迁的路径依赖显然是在分析传媒组织治理结构时所需着力考虑的问题。路径依赖在制度变迁上的效果体现在两个方面：一方面，比较政治经济学者马克·罗伊（Mark J. Roe）曾将路径依赖结合到企业治理结构的研究中，认为各国企业治理结构依赖于各国的初始条件，而初始条件是由其政治文化以及历史导致的，不同的初始条件以及适应性调整形成了各国企业治理结构的路径依赖。于是，中国传媒组织治理结构研究需注重制度环境的考察，重视宏观政治、经济与社会环境变化对传媒组织治理结构的影响。另一方面，企业治理结构在不同阶段也呈现出多样性特征，并不存在一个一成不变的治理模式，而"人们过去做出的选择，决定了他们现在可能的选择"。因此，治理结构的改革方向与目标模式建立需要考虑路径依赖的作用，对于我国传媒组织治理结构而言，其改革过程只能是渐进的，其目标模式也需综合考量政府、传媒组织、传媒从业者等各方利益相关者需求。《中国传媒组织治理模式创新研究：基于利益相关者理论的视角》充分考虑传媒组织治理结构改革的路径依赖特征，其对于传媒组织治理结构的研究，既注意到了中国的特殊国情以及中国传媒制度下传媒组织治理结构改革与重塑的特殊语境，也考察了历时性视角下传媒组织治理结构不断发展演化的过程，这也使得论著最后提出的目标模式更具科学性与可行性。

根据经济学和企业治理的相关研究，我们知道，企业治理结构的目标模式在世界范围内主要有两种取向，一种是以英美为代表的股东至上模式，一种是以日德为代表的利益相关者模式。一直以来，由于美国是世界上经济最为发达的国家并主导着世界经济发展，其企业治理模式也相应受到更多推崇，股东至上模式显示出强大影响力，而利益相关者模式却较少受到关注。但在实践中，股东至上模式面临着管理者权力垄断、内部监督治理机制失衡与竞争短视等问题等诸多困境，而这些问题恰恰可以通过利益相关者的参与治理予以纠偏。《中国传媒组织治理模式创新研究：基于利益相关者理论的视角》一书指出，中国传媒组织治理结构实质上遵循着股东至上逻辑，党和政府一直作为享有投票权、监督权、重大决策权以及经营者选择权的"最大股东"，从而呈现出浓厚的"股东至上主义"

色彩，因而也陷入股东至上模式的固有困境之中，由此，该书提出"股东主导的利益相关者参与治理"这一新的治理模式构建取向，这一构想对于正处于改革关键期的中国传媒组织，尤其是传媒组织而言，极具借鉴价值。

随着文化体制改革与传媒改革的不断深化，我们对传媒组织与传媒组织问题研究的广度与深度都在迅速扩展，传媒组织与企业议题的理论研究越来越成为传媒研究领域的关键议题，这需要所有的传媒的国家宏观管理层、传媒组织的经营管理层和学界的多元思想力量的贡献与思考。殷琦博士的这本著作是一个好的开端，希望能够在传媒内部的治理与改革、传媒市场化转型与传媒与权力系统之间的关系等微观和宏观领域的研究中引发共鸣，激发争议，希望这本著作能够成为我国市场化运营的传媒进行实务操作的思想资源。

任何一个问题的研究和观点的提出以及与现实世界的互动，始终是一个复杂的、漫长的过程。对于殷琦博士而言，此本专著的出版应该是她对这个问题研究的开始而不是结束，"术业有专攻"，而任何一种专业领域的深刻的学术思考，都需要长期的沉浸与探索，需要不断的自我拓展和提高，需要激烈理性的对话和辩论，希望殷琦博士在今后的研究选择中，不断深入、深化和系统化自身对于传媒治理结构的研究。不仅对我国传媒治理结构研究，也可以对发达国家地区的现代传媒集团的治理结构进行研究；不仅对我国当前传媒组织转型过程中的治理结构予以研究，也可以对我国 20 世纪中期以前的传媒治理结构进行研究，比如《大公报》的治理结构。多元比较，相互印证，同时对现实正在进行的蓬勃复杂的媒介市场化改革的治理密切关注，从而实现理论与实务的相互互动与相互提高。

回溯人类的学术历史，一种理论、一个学派的萌生发扬无不浸透着众多学人艰辛的努力。文章千古事，得失寸心知，事实上，知识的生产和理论的开拓创新，正是学者的最大人生价值所在。殷琦博士风华正茂，正当才思泉涌之际，其《中国传媒组织治理模式创新研究：基于利益相关者理论的视角》的出版，乃是其学术生涯的重要标志。我期待着殷琦博士再接再厉，在以后的学术研究中不断超越同侪与超越自我，不断创新丰盛的学术人生。

是为序。

张昆

2014 年 12 月 16 日

目　录

绪　论

第一节　命题提出

一、研究背景

改革开放以来,中国的政治、经济乃至整个社会的各个层面都发生巨大变化,在政治上走向民主和法治,经济上逐步朝向商品经济与市场经济转型,社会变得日益多元与开放的宏观变革背景下,传媒领域也发生诸多变革并获得很大发展,传媒体制经历了巨大变迁。

1978年,《人民日报》等8家中央级报刊联合要求实行"事业单位,企业化管理",这被认为是传媒体制改革的重要里程碑,自此,中国传媒组织突破了纯粹作为"组织喉舌"的窠臼,走上产业化与市场化的道路。此后,传媒业经历自20世纪70年代末的恢复广告,自办发行,80年代的增张扩版、采编与经营的剥离、多元化经营,90年代的报业集团、广电集团的组建,以及新世纪以来资本化与企业化的推进。30余年间,中国传媒改革日益深化。

但从当前传媒改革实践看,尽管中国传媒业发展的速度迅猛,但传媒业仍存在诸多问题亟待解决。从业界到学界,相当多人已达成共识,传媒存在的问题中,最主要仍然是体制问题,体制障碍是传媒发展的瓶颈。由此,无论是传媒政策或是传媒组织实践,都开始突破体制限制。

2001年8月,中共中央办公厅、国务院办公厅转发《中央宣传部、国家广电总局、新闻出版总署关于深化新闻出版影视业改革的若干意见》,要求新闻出版广播影视业"健全党委领导与法人治理结构相结合的领导体制",首次正式提出传媒组织治理结构问题及其改革目标。随后,2003年文化体制改革的开启更是进一步将治理结构的完善作为改革的核心议程,政府陆续出台的多个文件,如《关于深化文化体制改革的若干意见》(2006)、《文化产业振兴规划》

(2009)、《中共中央关于深化文化体制改革、推动社会主义文化大发展大繁荣若干重大问题的决定》(2011)、《国家"十二五"时期文化改革发展规划纲要》(2012)一再指明，文化体制改革的中心环节就是要加快推进国有经营性文化事业单位转制和国有文化企业改制，按照建立现代企业制度的要求，完善法人治理结构，培育合格市场主体。建立现代企业制度与完善法人治理结构理所当然地成为传媒转制改革的焦点。由此，探索适合于中国实际的传媒组织治理模式成为当务之急。

二、研究的意义

（一）传媒组织治理结构研究的实践意义

对传媒组织治理结构的研究，首先源于传媒产业与传媒组织的重要地位及其治理现状。20 世纪以来，传媒产业的迅猛发展使得世界经济出现新的增长点，其产业规模已达万亿美元（图 1-1）。

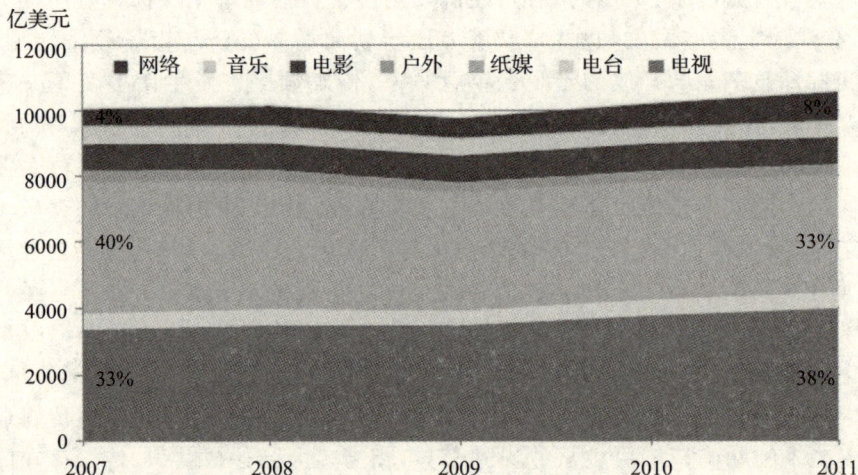

图 1-1 2007—2011 年全球传媒产业总规模①

近些年来，随着国家对文化产业发展的重视和文化体制改革的逐步推进，传媒的经济属性日益张大，传媒产业获得长足的发展，经济实力不断增强，传媒集团相继成立。"十二五"规划也明确提出我国将推动文化产业成为国民经济支柱性产业，这无疑进一步促进了作为文化产业重要组成部分的传媒业发

---

① 华创证券：《寻找中国未来的传媒巨头》，http://pg.jrj.com.cn，2013 年 9 月 2 日。

展。虽然传媒业已经成为中国发展速度最快、最富投资价值和最具吸引力的行业,可总的说来,与欧美发达国家的传媒产业相比,中国的传媒产业的规模和实力还相对弱小。

传媒组织治理结构作为一种制度安排,既关系着微观层面组织运作绩效的提高,也关系着宏观层面文化体制与传媒体制改革的推进以及传媒产业的进一步发展。于是,无论是对于传媒组织自身发展抑或是传媒改革的进一步推进,传媒组织治理结构的改革与创新都非常重要。

但是,治理结构本身即是一个盘根错杂的问题,更何况中国的传媒组织与一般企业相比,其治理问题更为特殊与复杂。在传媒组织建立现代企业制度的过程中,内部产权安排上存在的初始委托人不清、剩余索取权与剩余控制权割裂等弊端,以及外部新旧体制的碰撞,法律规范的不完善,市场体系尚不够成熟等问题,都导致其治理困境。因此,对传媒组织治理结构的研究不仅对切实解决传媒改革与治理困境具有重要的实践意义,而且可以进一步推动传媒体制与文化体制改革的深入以及传媒产业的发展与繁荣。

(二)传媒组织治理结构研究的理论意义

一方面,治理结构研究涉及相关政策法律、传媒管理体制、传媒理念认知等一系列问题,涉及传媒管理制度与运行机制多方面内容,这些问题在传媒经济学的研究中具有基础性和综合性的研究价值。但已有传媒组织治理结构研究,无论是数量还是内容,存在明显不足,缺乏系统性和完整性。于是,本研究的开展既可以丰富传媒组织治理结构研究的理论成果,还能促进传媒经济学相关理论与知识体系的完善。

另一方面,目前国外公司治理理论关注于上市公司与一般企业,国内对公司治理理论的研究集中于上市公司、国有企业与家族企业治理,而较为忽视其他特殊行业的公司治理研究。本课题的研究将公司治理理论的应用范围拓展至传媒领域,将其与中国特殊国情以及传媒行业独特的意识形态与经济双重属性及公共利益取向相联结,不仅可以进一步丰富委托代理、人力资本、利益相关者理论等治理理论,还可以拓宽我们对于公司治理的多样性理解。

第二节　研究现状

一、研究问题的范围界定

（一）治理结构

"治理（governance）"一词来源于拉丁语"gubernare"，原始词义是"掌舵"。在《美国传统词典（双解）》中，"governance"被解释为"The act, process, or power of governing；government"，意指统治、管理，统治管理的动作、过程或权力等。因此，在早期的理解中，"治理"与"管理"、"统治"的含义并无差异。

20 世纪八九十年代后，国家与社会关系的重构、政府管理的僵化与失效、公司自我管制的失败使得"治理"作为对单纯"管理""统治"的超越，被西方政治学家和经济学家赋予许多新的含义，广泛应用于社会经济各个领域，如"公共治理""政府治理""全球治理"以及"企业治理"，无论在政策文件中或在学术论著中，甚至是在社会实践中，都成为热门词汇。

本书讨论的"治理结构"，来自企业治理研究领域。事实上，即使在企业治理研究领域，理解"企业治理"与"企业治理结构"也有诸多不同的视角。综合而言，大致可归纳为以下几种：

其一，将企业治理结构定义为一种制度安排。柯林·梅耶将企业治理结构定义为"公司赖以代表和服务于它的投资者利益的一种制度安排。它包括从公司董事会到执行人员激励计划一切东西……公司治理的需求随市场经济中现代股份公司所有权与控制权的分离而产生"①。钱颖一与梅耶（Mayer）的观点一致，他们认为："公司治理结构是一套制度安排，用以支配若干在企业中有重大利害关系的团体—投资者（股东和贷款人）、经理人员、职工之间的关系，并从这种联盟中实现经济利益。公司治理结构包括：（1）如何配置和行使控制权；（2）如何监督和评价董事会、经理人员和职工；（3）如何设计和实施激励机制。一般而言，良好的公司治理结构能够利用这些制度安排的互补性质，并选择一种结构来减低代理人的成本。"②

---

① ［英］柯林·梅耶尔著，张绍予等译：《市场经济和过渡经济的企业治理机制》，中国经济出版社 2000 年版，第 75 页。

② 钱颖一：《中国的公司治理结构改革和融资改革》，《转轨经济中的公司治理结构》，中国经济出版社 1995 年版，第 133 页。

　　其二，认为企业治理结构是企业的一种组织结构，这种观点以吴敬琏为代表，他认为："所谓公司治理结构，是指由所有者、董事会和高级执行人员即高级经理人员组成的一种组织结构。在这种结构中，上述三者形成一定的制衡关系。通过这一结构，所有者将自己的资产交由公司董事会托管；公司董事会是公司的最高决策机构，拥有对高级经理人员的聘用、奖惩以及解雇权；高级经理人员受雇于董事会，组成在董书会领导下的执行机构，在董事会授权范围内经营企业。"①

　　其三，把企业治理结构看作股东大会、董事会、监事会和经理层之间的相互作用。科克伦（Cochran）和沃特克（Wartick）在 1988 年发表的《公司治理——文献回顾》中指出："公司治理包括在高级管理阶层、股东、董事和公司其他的有关利益人的相互作用中产生的具体问题。构成公司治理的核心是：(1)谁从公司决策（高级管理阶层的行动）中受益？(2)谁应该从公司决策（高级管理阶层的行动）中受益？"当在"是什么"和"应该是什么"之间不一致时，公司治理问题就会出现。在该文中，他们还引述布坎兹的观点，认为公司治理问题集中于四个方面：管理阶层有优先控制权，董事过分屈从于管理阶层，工人在企业管理上没有发言权，政府注册的限制过于宽容。解决这些问题的办法可以分别是股东参与、重构董事会，扩大工人民主和严格政府管理。他们认为："理解公司治理中包含的问题，是回答公司治理是什么这一问题的一种方式。"

　　其四，把企业治理结构视为一种决策机制。在哈特（Hart）对企业治理的分析中，他认为只要存在以下两个条件，组织必然就要遭遇公司治理问题。第一个条件是代理问题，具体说是公司组织成员之间存在利益冲突；第二个条件是交易费用之大使得代理问题不可能通过合约解决。在无代理关系的情况下，企业的每个人都会被动追求企业利润和市场价值的最大化，或者追求最小成本。每个人的努力和其他各种成本可以直接得到补偿，因此不需要激励机制调动人们的积极性，也不需要公司治理结构来解决争端，因为根本就不存在争端。如果出现代理问题且合约不完全，则公司治理结构就至关重要，签订委托代理合约需要费用。如果这些交易费用存在，所有当事人将不能签订完全的合约而只能签订不完全的合约。合约不完全则意味着合约模棱两可，当新的信息出现，将重新谈判，不会引起法律争端。"治理结构被看作一个决策机制，而这些决策在初始合约中没有明确设定。更准确地说，治理结构分配公司

---

　　①　吴敬琏：《现代公司与企业改革》，天津人民出版社 1994 年版，第 185 页。

非人力资本的剩余控制权，即资产使用权。如果在初始合约中没有详尽设定的话，治理结构能够决定其如何使用。"①

其五，把企业治理结构看作监控机制。林毅夫等人认为，企业治理结构是所有者对企业的经营管理和绩效进行监督和控制的一整套制度安排。他们还进一步指出，通常人们更关注企业的直接控制或内部治理结构，但对企业而言，更重要的是通过竞争的市场所实现的间接控制或外部治理②。

其六，认为企业治理结构是一种治理机制。李维安认为，企业治理是复杂且多维的概念，有狭义和广义两个内涵。狭义的企业治理，指所有者(主要是股东)对经营者的监督与制衡机制，即通过制度安排来合理配置所有者与经营者之间的权利与责任关系。广义的企业治理则涉及协调广泛的利益相关者(包括股东、债权人、供应商、雇员、政府和社区等与公司有利益关系的群体)之间相互关系的一套包括正式或非正式的、内部的或外部的制度或机制，以此保证公司决策的科学化。因此，要理解企业治理的概念，需要转变以下两个方面的观念：第一，从权利制衡到决策科学；第二，从治理结构到治理机制。企业治理不仅需要一套完备有效的企业治理结构，更需要若干具体的超越结构的治理机制。企业的有效运行和决策科学不仅需要通过股东大会、董事会和监事会发挥作用的内部监控机制；且需要一系列通过证券市场、产品市场和经理市场来发挥作用的外部治理机制③。

其七，认为企业治理结构是产权安排具体化。张维迎认为，企业治理结构只是企业所有权安排的具体化，表现为一种状态依存权。企业所有权安排，从广义上讲，就是有关企业控制权和剩余索取权的一套法律、文化和制度性安排。从狭义上讲，就是剩余索取权与剩余控制权的分配状态④。根据产权的不同特征，对企业治理结构的状态依存权又有三种不同的观点：一是周其仁为代表的经济学家认为，市场里的企业都是人力资本与非人力资本的特别合约，他从人力资本的稀缺性与专用性出发，认为剩余控制权与剩余索取权对称集中于人力资本所有者，即劳动雇佣资本经济研究⑤；二是张维迎等人坚持从人

---

① [英]奥利弗·哈特：《公司治理：理论与启示》，《经济学动态》1996年第6期。

② 林毅夫、蔡方、李周：《充分信息与国有企业改革》，上海三联书店、上海人民出版社1997年版，第76,77页。

③ 李维安：《公司治理学》，高等教育出版社2005年版，第13页。

④ 张维迎：《所有制、治理结构及委托代理关系》，《经济研究》1996年第9期。

⑤ 周其仁：《市场里的企业：一个人力资本与非人力资本的特别合约》，《经济研究》1996年第6期。

力资本与其所有者的不可分性及不可抵押性出发，主张资本所有者掌握企业所有权，即剩余控制权与剩余索取权应对称集中于非人力资本所有者，即资本雇佣劳动；三是杨瑞龙、周业安等研究者在综合上述两种观点的基础上，认为在现实企业实践中，更常见的情形是剩余控制权与剩余索取权由集中对称分布走向分散对称分布，剩余索取权与剩余控制权分散地对称分布于不同的产权主体①。

这些观点各异的论述映射出学者们对治理结构概念丰富且多元的考虑基点与价值取向。但宽泛而言，治理结构往往被视为一整套影响企业管理者及协调利益相关者的权、责、利的制度系统，包括股东大会、董事会、经理层、监事会等机构的设立和运作，而事实上，对治理结构的理解、研究与构建又往往与企业内部的选任机制、监督机制和激励机制等内部治理机制，以及政府、市场以及社会等外部治理机制相联结。于是，本书对传媒组织治理结构的研究，既涵盖传媒组织内部"三权"（决策权、执行权、监督权）、"四会"（股东大会、董事会、监事会、经理层）等内部治理结构，还涉及对传媒组织的内外部治理机制的考察。

（二）传媒组织

所谓传媒，一般指大众传播媒介。广义上的大众传播媒介包括报纸、杂志、电视、广播、电影、图书、音像制品等传统媒介以及目前正在迅速崛起的互联网等新兴媒介。在此概念上延伸出的"传媒组织"，涵盖范围相当广泛，包括从事"大众传播媒介"业务以及与之配套的相关媒体产业链中间环节业务的单位、机构、公司等，包括媒介本身、广告公司、发行公司、监测机构、节目制作公司、传输公司及其他配套服务商②。

本书的"传媒组织"主要指以新闻内容生产为核心业务的新闻传媒企事业单位或新闻传媒集团，包括报社、广播电台、电视台、报业集团、广电集团以及依托这些传统业务发展起来的传媒集团。本书之所以将关注对象集中于上述组织，而未将精力分散给如电视节目制作公司、广告公司或新媒体公司等在更广泛层面的"传媒组织"，主要基于三个方面考虑：

首先，由于文化体制改革将传媒组织分为公益性传媒事业单位和经营性传媒企业，对公益性传媒事业单位，要求以事业体制进行管理，对经营性传媒企业，则要求按现代企业制度进行体制创新。于是，对这两种不同性质的传媒组织，特别是拥有下属传媒子公司的传媒集团（公司）以及整体转制为企业的传媒企业，

---

① 杨瑞龙、周业安：《一个关于所有权安排的规范性分析框架及其理论含义——兼评张维迎、周其仁、崔之元的一些观点》，《经济研究》1997 年第 1 期。

② 常永新：《传媒集团公司治理》，中国传媒大学出版社 2006 年版，第 21 页。

进行产权改革，构建合理的治理结构成为文化体制改革与传媒改革的关键问题。

其次，"治理结构"一词一般多用于对企业的研究。改革开放之前，中国传媒组织是纯粹的事业单位，使用"领导体制"来表述更合适。改革开放之后至转制改革完成之前，中国传媒业实行的是"事业单位，企业化管理"，在经营运作方面逐步呈现出企业色彩，所以自 1978 年传媒走上产业化道路后，"治理结构"的概念可被引入对传媒组织的分析中。而在 2003 年文化体制改革启动的转企改制改革完成后，中国出现了两类不同性质的传媒组织——传媒事业单位与传媒企业。于是，转制成为传媒企业或者拥有下属传媒企业的传媒组织，将成为传媒治理结构研究的重点关注对象。

最后，对于纯经营性的传媒企业，如被剥离出来的广告公司、发行公司、印刷公司等不包含新闻内容产品生产的传媒企业，与一般企业相差无异，其产权与治理结构按照一般企业治理结构安排即可。而对于包含新闻内容产品生产的新闻传媒组织或新闻传媒集团公司，在探索其治理结构的构建路径时，必然地要考虑到新闻内容产品强烈的公共性与外部性对治理结构构建的影响与要求。因此，包含新闻内容产品生产的新闻传媒组织或新闻传媒集团公司也就需要格外关注。

二、国内外关于传媒组织治理结构研究的评析

在西方发达国家，传媒组织的治理结构同其他企业几近相同，它们产权清晰且大多采用股份制的形式，建立了较为完善的现代企业制度，因此治理结构并非西方学者研究传媒的重点议题。

直接论述传媒组织治理的著述，目前仅有查询到两本书籍，Seán ó Siochrú and Bruce Girard 在《全球传媒治理》中最早提出传媒治理"media governance"的概念，主要考察全球传媒的规制问题，涉及治理结构的若干问题，如传媒的治理主体以及治理结构的发展趋势。另一本是于 2008 年 2 月出版 Georgios Terzis 编纂的《欧洲传媒治理》，其中介绍了 32 个欧洲国家传媒的产权结构、监管政策、公民组织以及工会系统等治理相关问题，但这些研究多关注于宏观层面问题，较少对传媒内部治理结构进行深入细致的考察。可见，即便是在西方国家，传媒组织治理结构作为相对独立的议题存在的时间尚仅数年，其研究仍有待深入。

在中国，随着 2003 年的文化体制改革拉开帷幕并不断深入，建立现代企业产权制度、完善法人治理结构成为传媒转制改革的焦点。与之相应地，学界和业界对传媒组织治理结构的探讨也日益频繁。在对传媒组织治理结构存在

问题,如委托代理管理复杂、内部人控制现象严重、监督约束机制虚化,外部治理机制运转不畅等问题进行分析与批判的基础上,一些学者提出了他们自己关于传媒组织治理模式的设想,代表性观点如下:

1. 传媒组织的"三级治理"模式

这种观点的代表人是南开大学的李维安和常永新,他们是国内最早对传媒组织治理问题进行研究的学者。

在考察国内外传媒集团公司治理的现状后,他们认为我国传媒集团存在产权残缺、委托人残缺及激励机制欠缺等问题,他们首次提出传媒集团的"三级治理"模式:政府治理、外部治理、内部治理相结合①。如图 1-2 所示:

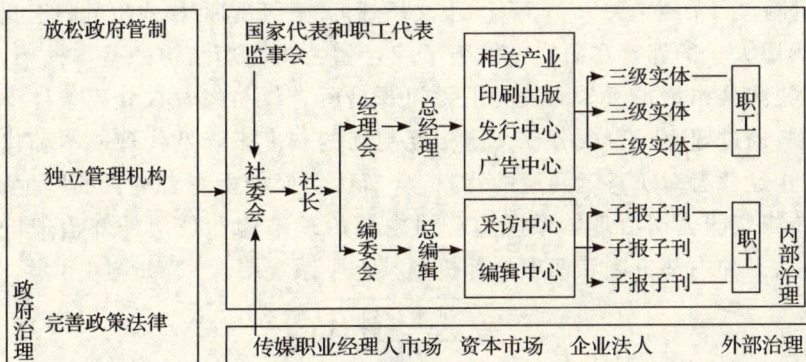

图 1-2 三级治理模式图

他们认为,建立完善的中国传媒集团治理结构,首当其冲要确立适应市场机制的政府治理结构,政府应在以下三个方面进行努力:(1)逐步放松对传媒业的产业组织政策管制,允许探索公有制的新形式;(2)对传媒业的产业进入实施分类管理和分步推进改革的方式;(3)消除行政性垄断现象。

在外部治理机制的构建上,强调对资本市场、传媒职业经理人市场、劳动力市场等竞争性市场的利用。

在内部治理机制的构建上,提出以社委会、监事会、编委会、经理会为基本框架的组织结构,实行决策层、管理层(包括采编和经营)、监督层相互制约的领导体制。社委会由国家和有关投资方委派代表履行所有者的权利,决定集团的发展战略等重大问题。社委会下设经理会和编委会,分别由总经理和总编辑负责,集团的经营活动和新闻编辑出版分开。监事会作为集团的监督机

---

① 李维安、常永新:《中国传媒集团公司治理模式探析》,《天津社会科学》2003 年第 1 期。

构，由国家委派代表和集团职工代表组成，对集团的编辑出版和经营管理进行有效监督。监事长和监事会成员不应在传媒集团内担任行政职务。在可能的情况下，社委会可用高薪聘请专业人士充当外部监事。

李维安和常永新的研究具有开创性，不仅初步搭建起传媒组织治理研究的理论框架，还对中国传媒集团治理模式进行了阐述和设计，为后续研究提供了参考范例。不过，他们对治理模式局部缺乏更深入的思考，如并未分析编委会与经理会如何协同运行，部分观点说服力不强。

2. 综合型的传媒组织治理模式

这种观点认为，在传媒组织治理结构建设中要同时依靠内部治理机制和外部治理机制，"两条腿走路"。实际上，上文所述的"三级治理"模式也可归于此类。

天津大学的郭富在研究中承袭了综合型公司治理结构的基本框架，认为"传媒集团公司治理所要解决的主要问题是所有权与经营权分离条件下的代理问题，通过建立一套既分权又能相互制衡的制度来降低代理成本和代理风险，防止经营者对所有者利益的背离，从而达到保护所有者的目的"，他提出，中国传媒集团公司治理体系应由公司内部治理结构和公司外部治理机制构成，包括三种内部机制和四项外部机制共七个系统要素[①]。如图 1-3 示：

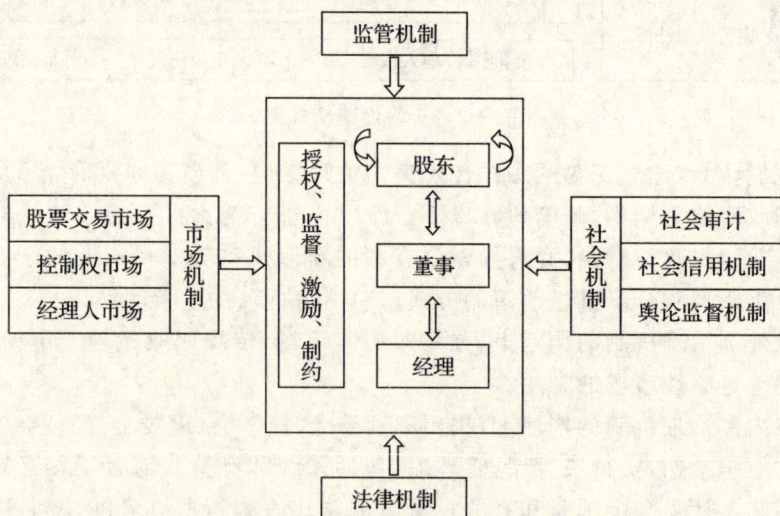

图 1-3　综合型治理模式

①　郭富：《基于价值创造的中国传媒集团管理研究》，天津大学博士论文 2004 年，第 43～45 页。

在内部治理机制上,强调股东之间的制衡和利益平衡机制,强调股东对董事、董事对经理的授权、监督、激励和约束机制。在外部治理机制上,利用法律机制、监管机制、市场机制和社会机制的外部治理机制形成对内部治理结构的支持和补充。

尽管这种治理模式有助于我国传媒组织建立规范健全的治理机构,但是这种构想仍存在极大的硬伤:首先,它忽略了我国传媒组织的特殊性,仅是公司治理理论的简单照搬,并不涉及具体操作层面的内容;其次,并未解答治理结构中关键性问题——股东是谁,股东的身份如何确认。

3. 主体加辅体的传媒组织治理模式

一直以来,中国媒体是被动接受政府指令的行政附属物,中国传媒组织治理结构是政府单边主导的行政性治理,其权力关系遵循的是"政治"逻辑。传媒多年的改革只是单纯地改进政府对传媒组织的控制和激励,而不试图建立符合现实约束条件的科学的治理结构。

对此,周劲提出"双重逻辑下的主体加辅助"的传媒组织治理模式,认为传媒组织治理结构的创新应该在"政治"逻辑和"资本"逻辑的双重主导下进行,即党委政府除了作为政治代表追求政治利益的最大化外,还要沿着产权明晰化的道路,作为资本所有者的代表,以国有股东的身份来追求股东利益的最大化,从以往的行政型治理方式过渡到契约型治理方式。

他认为,双重逻辑下的"3＋2"治理模式在内部治理上应明晰传媒组织的产权关系,使传媒组织的所有权与经营权分离,使所有者与管理者分离,这是现代企业制度的精髓。因此,集团改制后,董事会、监事会、经理会作为传媒组织的主体治理系统,党委会和编委会作为传媒组织的辅助治理系统。党委会与董事会职能分开,党政分开,两套班子两块牌子。传媒组织作为国有独资公司董事长由政府任命,政府董事在董事会中占较大比重。党委会由上级党委任命(可由董事长兼任党委书记),行使舆论导向权、重要人事权,宏观上监督董事会,不参与经营决策。编委会是党委会领导下的专门委员会,对传媒集团的宣传负责。监事会是国资委下派传媒的机构,对国有资产的保值增值和经营管理进行监督。经理会中总编辑人选由党委会和董事会决定,总经理人选由董事会决定。五会之间的权、责、利明确,各司其职,实行决策层、管理层、监督层相互制约的领导体制①。如图 1-4 所示:

①　周劲:《传媒治理结构:制度分析与实证研究》,《现代传播》2005 年第 4 期。

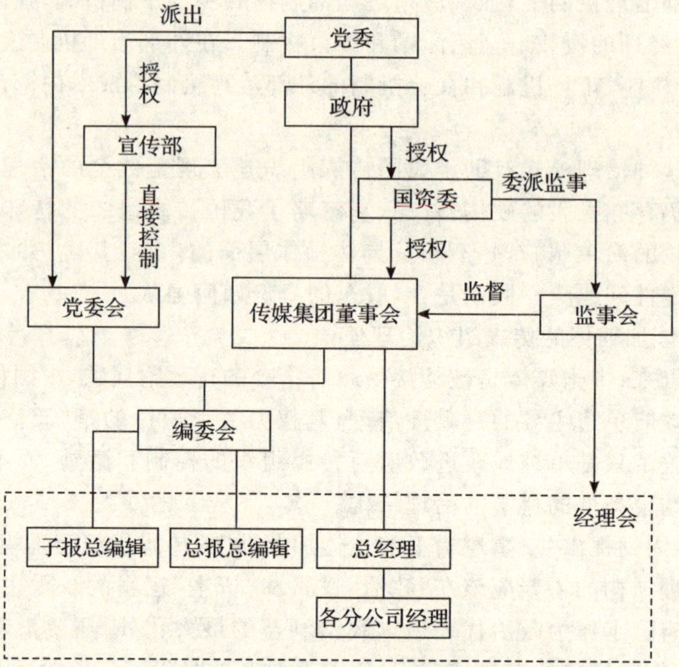

图 1-4　主体加辅体的治理模式

　　提出"双重逻辑下的主体加辅助"传媒组织治理模式有两个方面的积极意义：一是结合一般企业的治理要求与我国传媒组织治理的特殊要求，结合牡丹江传媒集团的改革予以例证，是理论与实践相结合的有力注脚。二是提出主辅两个治理系统的功能互动，动态分析治理结构问题。

　　但是，这一模式仍有商榷之处。一是"3＋2"模式设计中的"3"与"2"的划分缺乏充足依据。如，作为重要的宣传机构和内容产业的组成部分，为什么党委会和编委会却被列入辅助治理系统？这一研究并未明确提出划分主体治理系统与辅助治理系统的标准。二是在传媒这样一个具有产业属性与意识形态属性双重属性的组织的治理中，是否存在主体与辅助治理系统的明确界限。因此，这种治理模式虽令人耳目一新，但其理论缺陷必然导致实际应用中出现困难。

　　4. 信用再造先行的传媒组织治理模式

　　孔祥军在《传媒业的企业化运行与信用再造》一文中认为，中国传媒体制在由"事业单位"向"企业化经营"、向现代企业制度转型的嬗变中，信用缺位也由最初的集中于政治范畴延伸向政治、经济、文化等多层面①。

　·在他看来,中国传媒组织正在向企业化的目标推进,传媒业的建制、改制问题提上议事日程,信用再造作为契约制度的衍生体,必须包含在建制改制的过程中。但是,在中国,媒体发展处于"初级阶段",产权还无法分割和有效整合的情形下,谈论传媒业的产权制度和法人治理结构的改造为时尚早,应该以信用再造作为传媒业制度结构建设的重点,进而达到促进传媒组织良性发展的目的。

　虽然孔祥军的研究拓宽了有关传媒转制研究的视野,提出信用再造对于传媒组织的重要意义,但却忽视信用再造能持续发挥作用的制度基础,如果产权和公司治理问题没得到有效解决,信用再造的效用十分有限。

　5. 资本结构调整优先的传媒组织治理模式

　持这种观点的研究者比较多,如尹世昌②、周葰③、丁和根④他们都强调资本结构调整在我国传媒组织治理结构构建过程中的基础及带动作用。

　王声平认为:"产权多元化有利于完善我国媒体尤其是媒体集团公司治理结构。产权多元化使得媒体产权主体清晰,产权实现过程中,不同权利主体之间的权、责、利关系清楚,我国媒体(或媒体集团)公司治理结构在外部和内部都得到进一步改进和完善。产权多元化为完善公司法人治理结构打下坚实的基础。"他还对产权多元化改革提出建议:"媒体企业产权多元化改制可以通过两种方式实现:一是存量资本转让,部分国有资产和进入媒体的非国有资产置换,国家收回部分国有资产;二是增量资本投入,国有资本不动,通过外来资本的投入做大媒体,改变媒体产权结构。"⑤他认为后一种更适合我国媒体的情况。

　这种治理模式体现出提倡者对于中国传媒组织治理结构核心问题的敏锐洞察力。但在实践中,其他国有资本、外来资本的进入所带来的股权变动是否具有改变现有治理结构的力量仍有待考察。因此,这种模式过分强调资本结构调整,在相当程度上制约了它作为传媒组织治理结构目标模式定位的可能

　① 孔祥军:《传媒业的企业化运行与信用再造》,《新闻界》2003年第2期。
　② 尹世昌:《报业集团:从现代产权制度到建立法人治理结构》,《山东理工大学学报》(社会科学版)2004年第6期。
　③ 周葰:《混合所有制:中国传媒产业的一种选择》,《现代传播》2005年第1期。
　④ 丁和根:《我国传媒业经济成分和产权制度改革取向分析》,《新闻大学》2007年第2期。
　⑤ 王声平:《传媒业产权的多元化改革》,《当代传播》2006年第3期。

性。实际上，传媒组织治理结构问题涉及诸多方面，远非依靠资本结构调整就能解决，且可能存在比资本结构因素更为关键、更为重要的其他因素。因此，过分倚重于某一因素的调整来完善传媒组织治理结构的方案带有明显的局限性。

上述几种传媒组织治理模式的构想，都具有一定的创见及理论价值，如综合型治理模式中对于"内外治理两手抓"的强调，"3＋2"模式中将公司治理理论与我国传媒组织治理特殊要求的结合，资本结构调整优先的治理模式对于我国传媒组织治理核心问题——产权问题的敏锐觉察等，都为后续研究奠定了良好的基础，开拓了思路。

由于国内对于传媒组织治理结构这一论题研究的时间尚短，仍处于初级研讨阶段，系统性与深度不足。因此，关于传媒组织治理结构的研究还有待进一步的深入，在现有的基础上不断进行创新与优化，在实践中不断检验与修正。

第三节　分析框架

一、理论视角及框架

本书将从公司治理理论视角出发并结合中国传媒组织特殊属性与治理结构特性，在对传媒组织治理结构进行历史考察的基础上，抓住中国传媒组织治理结构存在问题与面临困境，积极探索中国传媒组织治理结构创新路径。

依据这种研究逻辑，论文共分七章内容进行论述，具体如下（框架图如图1-5）：

第一章，绪论部分。对"传媒组织治理结构创新研究"这一论题提出的研究背景、研究的理论意义与实践意义进行分析，并对国内外关于此论题的相关研究成果进行评析，最后对本书的研究框架、研究方法做一个简要介绍，是全文的导入部分。

第二章，中国传媒组织治理结构变迁的历史考察。传媒组织的治理结构是在特定的政治经济文化条件下不断演化来的，于是，本部分将结合中国传媒制度构建的背景、过程与特点，全面深入地剖析中国传媒组织治理结构的发展变迁过程，从而形成对中国传媒组织治理结构现状的背景性认知。

第三章，中国传媒组织治理结构的现状分析。在搜集相关传媒组织治理资料的基础上，对当前中国传媒组织的几种主要治理模式进行总结归纳与深

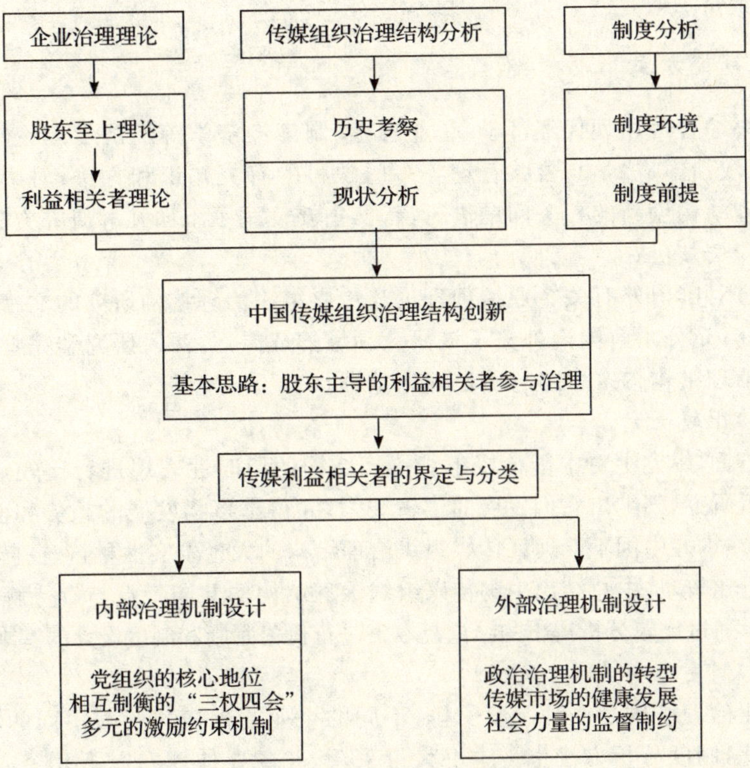

```
┌─────────────┐    ┌─────────────────┐    ┌─────────────┐
│  企业治理理论  │    │ 传媒组织治理结构分析 │    │   制度分析    │
└──────┬──────┘    └────────┬────────┘    └──────┬──────┘
       ↓                    ↓                    ↓
┌─────────────┐    ┌─────────────────┐    ┌─────────────┐
│  股东至上理论  │    │     历史考察      │    │   制度环境    │
│     ↓       │    ├─────────────────┤    ├─────────────┤
│ 利益相关者理论 │    │     现状分析      │    │   制度前提    │
└─────────────┘    └─────────────────┘    └─────────────┘
```

中国传媒组织治理结构创新

基本思路：股东主导的利益相关者参与治理

传媒利益相关者的界定与分类

内部治理机制设计	外部治理机制设计
党组织的核心地位	政治治理机制的转型
相互制衡的"三权四会"	传媒市场的健康发展
多元的激励约束机制	社会力量的监督制约

图 1-5　论文的结构框架图

度分析，以找出造成其治理困境的关键问题。

第四章，传媒治理导入利益相关者理论的可行性分析。基于虽然股东至上理论仍在理论界和企业界占据主流地位，但利益相关者共同治理代表了企业治理的发展趋势的基本判断，提出利益相关者理论的纠偏作用对解决我国传媒组织治理结构当下治理困境具有积极的现实可行性。

第五章，传媒组织治理结构创新模式的提出。在对传媒组织赖以生存的宏观政治体制、经济体制、文化体制改革过程与取向进行梳理的基础上，结合前期理论与实证分析，针对转制为企业的传媒组织提出治理结构创新的基本路径并对其逻辑基础进行论证。

第六章，传媒组织治理结构创新模式的具体构建。本部分将进一步结合当下文化体制改革与传媒改革的具体要求，进行新模式的具体制度架构及相关配套改革设计。

结语。对全文主要研究成果进行归纳总结，并指出今后的研究中可进一步深入研究之处。

二、研究方法

本书综合运用现代经济学、企业理论、制度经济学等经济学理论，并借鉴社会学、政治学、法学与公共管理等多门学科的有关知识和方法，对中国传媒组织治理结构创新的相关问题进行探讨，主要使用了下面几种研究方法：

（一）文献研究

通过对国内外有关企业治理理论与传媒组织治理结构研究的文献资料的总体研究，充分了解国内外关于该研究领域的成果，为深入研究和完善中国传媒组织治理结构构筑思路与奠定理论基础。

（二）比较研究

一方面，纵向上对中国传媒组织治理结构的历时性表现进行比较，通过动态的分析研究，归纳出它们发展的逻辑线索，并得出事物发展的趋势和前景；另一方面，在掌握中国不同地区传媒组织治理结构的大量事实性材料，在横向上对他们进行比较，从中总结出中国传媒组织治理结构的共同特点与有待解决的治理困境。通过比较分析得出的结论是本书进行价值判断和制度设计的基本依据。

（三）制度分析

企业治理结构是一种制度安排，不同的企业治理模式代表不同的制度安排。因此，制度分析方法也被本书大量采用，并主要体现在以下几个方面：首先，关注传媒组织治理结构所处的制度环境，如宏观的政治、经济、文化制度以及这些制度对传媒组织会产生的现实影响；其次，注重分析构建传媒组织治理新模式所必须具备的制度前提，将传媒组织治理结构视为一套整体制度予以考察；最后，注意动态地去分析制度，考虑到制度变革的过程与趋势对传媒组织治理结构的现实影响。

（四）实证研究

研究过程中，本书将注重实证研究，使用先进的信息搜集技术和工具，点面结合地实施调查，采集第一手的数据，调查、分析传媒组织的治理状况及存在问题。

三、创新之处

本书的创新之处主要集中于以下几个方面：

1. 运用企业治理理论对传媒组织进行分析

这是研究视角上的创新。一方面，此前对于传媒制度与传媒组织治理结构的研究多注重于经验式的描述,缺乏统一的理论分析框架,虽然在某些问题的讨论上有一些理论分析,但主要集中于传媒制度变迁史的梳理、中外传媒制度比较;另一方面,目前国外企业治理理论关注上市公司与一般企业,国内企业治理研究集中于上市公司、国有企业与家族企业治理,而忽视其他特殊行业的企业治理问题。因此,本书将企业治理理论引入传媒领域,既是以全新视角重新审视中国的传媒制度,有利于传媒领域相关研究的深化;也使得企业治理理论的研究对象不再局限于一般企业,是企业治理理论应用范围扩展的创新,可以拓宽我们对企业治理的多样性理解。

2. 提出传媒组织治理结构创新的制度设想

本书将基于中国政治、经济、文化体制改革与传媒实践,结合传媒组织治理结构重塑改革的意图,在对我国传媒组织治理结构的历史脉络与现实状况准确把握的基础上,得出传媒组织治理结构新的制度设想,对其构架进行具体的制度设立,令传媒组织治理结构研究更具系统性与可实践性。

3. 对传媒组织治理结构中的核心问题进行深度分析

本书对中国传媒组织的治理过程中的一些核心问题,如传媒组织治理结构的变迁历程与逻辑线索,治理主体、治理目标以及治理机制进行了深度分析。这种深度分析主要表现于两方面:一方面,基于传媒改革实践以及传媒经济理论发展的需要,本书对新闻传播学、经济学以及法学的相关理论成果进行文献分析与大胆借鉴,丰富了传媒经济与传媒改革研究成果;另一方面,在比较和分析不同传媒组织治理模式的基础上,结合中国传媒改革实践提出一些合理化和可行性的建议。

第一章　中国传媒组织治理结构变迁的历史考察

从 1949 年建国至今，新中国已走过 60 余年的风雨历程。在不断探索中国特色社会主义道路的过程中，中国传媒经历了"摸着石头过河"的改革历程，中国传媒制度从对苏联模式的照搬到逐步呈现出自身特色。在这一过程中，中国传媒组织的治理结构相应发生很大变化。

第一节　中国传媒制度的起源

传媒制度是传媒组织治理结构架构最重要的制度环境与制度前提，传媒组织治理结构都是在传媒制度的框架内进行制度安排的。因此在考察传媒组织治理结构时，首先必须了解中国传媒制度。曾有学者将中国传媒制度渊源归纳为"马克思主义经典作家的新闻思想、抗战根据地和解放区的新闻实践以及苏联的新闻体制模式"[①]这三个方面的内容，本书沿袭这一思路，对中国传媒制度起源进行更为深入细致的探索，以深刻认识中国传媒治理结构赖以构筑的制度环境。

一、理论渊源：马克思主义新闻思想

毋庸置疑，马克思主义是 20 世纪以来影响中华民族命运和中国社会最重要的思想，中国共产党的革命活动、新中国的成立、社会主义制度的建立以及社会主义建设的开展，都离不开马克思主义的指导。同样，中国传媒制度构建的理论源泉也主要来自马克思、恩格斯、列宁，以及此后将其中国化的毛泽东等这些马克思主义者们对于出版自由、党报以及新闻党性原则的相关认知。

---

① 丁和根：《中国传媒制度绩效研究》，南方日报出版社 2007 年版，第 13～18 页。

（一）马克思、恩格斯的出版自由观及党报理论

马克思、恩格斯既是马克思主义理论创立的先驱者,也是著名的报刊活动家与新闻工作者。在长期的革命工作中,他们共发表了800余篇报刊文章,创办了许多重要的报刊,在这种新闻实践中,他们提出了大量对新闻出版的观察与思考,尤其是他们对于出版自由的理解及提出的党报理论,为马克思主义新闻思想留下宝贵财富,初步指引了社会主义传媒制度的构建方向。

1. 出版自由与人民报刊相关论述

"出版自由"这一概念,最早由英国近代著名的资产阶级政治家约翰·弥尔顿提出。他于1644年在经典著作《论出版自由》中写道:"我们所希望的只是开明地听取人民的怨诉,并做深入的考虑和迅速的改革,这样便达到了贤哲们所希求的人权自由的最大限度。"①他强调自由认识、自由抒发己见、自由讨论是一切自由中最重要的自由。"从马克思、恩格斯出版自由思想的逻辑结构来看,马克思、恩格斯对自由的论证与弥尔顿的论著颇为相似,弥尔顿的影响应该是存在的"②,马克思把新闻出版自由看作最基本的自由,他指出,"发表意见的自由是一切自由中最神圣的,因为它是一切的基础","新闻出版就是人类自由的实现","没有新闻出版自由,其他一切自由都会成为泡影"。恩格斯也说:"每个人都可以不经国家事先许可自由无阻地发表自己的意见,这就是出版自由。"③马克思与恩格斯对于出版自由的理解受弥尔顿的影响,成为其新闻思想的精华。

马克思、恩格斯对新闻出版自由的论证形成于《莱茵报》时期,主要集中体现在对"自由报刊"和"人民报刊"的论述中。

首先,马克思从黑格尔理性主义视角出发并基于启蒙运动的具体实践,认为理性才是世界的本质,新闻出版自由则是构建与实现这种理性的重要途径。在他看来,一个好的现代国家基于理性的合理性社会存在,理性主要通过人民精神表现出来,人民精神则孕育于人民舆论之中。因此,只有在新闻出版自由的情况下,代表人民利益的多元思想才能体现,人民舆论才能充分发挥,生成人民理性,这样,国家才能真正地反映理性,才具有合理性。于是,马克思把实行新闻出版自由看成关系国家理性实现的重要条件④。

---

① [英]约翰·密尔顿著,吴之椿译:《论出版自由》,商务印书馆1958年版,第1页。
② 张昆:《中外新闻传播思想史导论》,复旦大学出版社2006年版,第217页。
③ 《马克思恩格斯全集》第13卷,人民出版社1962年版,第358页。
④ 《马克思恩格斯全集》第1卷,人民出版社1956年版,第6页。

其次,马克思在 1842 年发表的《第六届莱茵省议会的辩论》一文中首次提出"自由出版物的人民性",在《"莱比锡总汇报"的查封》一文中直接使用"人民报刊"①一词,他指出:"在人民报刊自由发展的情况下,总合起来构成人民报刊实质的各个分子,都应当表现出自己的特征。这样,人民报刊的整个机体便分裂成许多各不相同的报纸,它们具有不同而又相互补充的特征,例如,一家报纸如果主要关心政治学,另一家则主要关心政治实践,一家如果主要关心新思想,另一家则主要关心新事实。只有在人民报刊的各个分子都有可能毫无阻碍、独立自主地各向一面发展并各成一行的条件下,真正'好的'人民报刊,即和谐地融合了人民精神的一切真正要素,人民报刊才能形成。那时,每家报纸都完全会体现出真正的伦理精神,就像每一片蔷薇花瓣都表现了蔷薇的物质并散出蔷薇的芬芳一样。"②由此,马克思认为报刊应该体现人民理性,报刊应多报道人民群众普遍关心的社会事物,真实反映人民的意愿,报刊应当"生活在人民当下,它真诚地和人民共患难、同甘苦、齐爱憎"③。

有学者认为马克思的人民报刊思想几乎涉及报刊理论的全部重要问题,包括:"人民报刊是人民日常思想和感情的表达着,是人民的喉舌;人民报刊是将人民同国家和整个世界联系起来的有声纽带;人民报刊是治人者与治于人者之间的"第三个因素";人民报刊的本质是真实的;人民报刊的品质是诚实的;人民的信任是人民报刊赖以生存的条件;人民报刊具有自己的内在规律;人民报刊是一个有机的活动群体。"④马克思的人民报刊思想为此后党报思想与党报理论的提出奠定了基础。

2. 无产阶级党报思想的形成

马克思早期关于新闻出版自由与人民报刊的论述更关注人类理性的自我解放,是基于民主主义思想搭筑出来的理想报刊构想,在总体上属于民主主义新闻思想的范畴。1844 年之后,随着欧洲革命的推进,马克思与恩格斯也逐渐实现由理性主义向唯物主义转变,通过《关于招贴法的辩论》等一系列论述,完成历史唯物主义的奠基工作,创立了科学社会主义学说。这一时期,马克思和恩格斯对无产阶级革命斗争迫切需要的"集会自由""结社自由""出版自由"

---

① 《马克思恩格斯全集》第 1 卷,人民出版社 1956 年版,第 189 页。

② 《马克思恩格斯全集》第 1 卷,人民出版社 1956 年版,第 189、190 页。

③ 《马克思恩格斯全集》第 1 卷,人民出版社 1956 年版,第 187 页。

④ 郑保卫:《论马克思的人民报刊思想与党报思想》,《中国广播电视学刊》1992 年第 3 期。

等进行了深入的研究。

随着革命的推进,马克思、恩格斯逐渐认识到,自由是一个历史性与阶级性范畴。新闻出版自由和不同意见的自由斗争意味着新闻出版方面的阶级斗争是存在的。在这种认识下,马克思和恩格斯在1848年欧洲革命中创办《新莱茵报》时提出相当完备的办报方针、口号和原则,以"工人报刊"代替"人民报刊",强调无产阶级的阶级属性。他们提出,要运用报刊宣传无产阶级的政治纲领,将办报同推翻反动统治的革命斗争紧密相联。马克思在"工人报刊"相关思想的阐述中写道,"报刊按其使命来说,是社会的捍卫者,是针对当权者的孜孜不倦的揭露者,是无处不在的耳目,是热情维护自己自由的人民精神的千呼万应的喉舌"[①],"目前报刊的首要任务就是破坏现存政治制度的一切基础"[②]。

19世纪60年代以后,欧洲各国无产阶级革命政党相继成立,无产阶级党报纷纷创办。马克思和恩格斯在指导无产阶级政党建党工作和办报活动中,围绕德国《社会民主党人报》发表大量论述,形成无产阶级党报思想,主要内容包括"党报党刊是党的重要的思想武器和政治阵地,是党存在和发展的标志;党报党刊必须站在党的立场,代表、阐述和遵守党的纲领和策略原则,按照党的精神进行工作;党报党刊要成为开展党内批评的强大思想武器;党报党刊必须在党的领导和监督下开展工作;党组织要关心、支持和监督党报党刊的工作;党报党刊工作者必须对党负责,对人民负责,等等"[③]。

马克思、恩格斯的工人报刊思想和党报思想,在马克思主义新闻观的形成和发展史上具有里程碑的意义,工人报刊思想标志着马克思主义新闻观的确立,无产阶级党报思想标志着马克思主义新闻观发展到比较成熟的阶段[④]。这些新闻思想为此后相继建立的社会主义国家的传媒制度奠定了基调,此后列宁、毛泽东的党报理论与此一脉相承,并将相关理论落实到国家传媒制度的具体构建过程中。

(二)列宁对于马恩新闻思想的继承与发展

作为马克思主义伟大继承者,列宁将马克思主义同俄国革命的具体实践

---

① 《马克思恩格斯全集》第6卷,人民出版社1961年版,第275页。

② 《马克思恩格斯全集》第6卷,人民出版社1961年版,第278页。

③ 郑保卫:《论马克思的人民报刊思想与党报思想》,《中国广播电视学刊》1992年第3期。

④ 丰纯高:《完整准确地理解马克思主义新闻观》,《中国记者》2004年第11期。

结合起来，创造性地发展了马克思主义，作为革命工作的精神指引，也一直指导并融入新闻宣传工作中。

19 世纪末，列宁在创办与编辑《火星报》《前进报》《无产者报》《新生活报》《浪潮报》《回声报》《视觉报》《新光线报》《明星报》《工人报》《社会民主党人报》《真理报》《消息报》及杂志《思想》、《启蒙》《共产党人》《青年国际》等众多无产阶级革命报刊的过程中，就新闻宣传工作的理论建设与相关实践撰写了大量文章，首次明确提出"党性原则"，强调要用马克思主义观点来指导办报工作和整个的新闻事业，这对社会主义传媒制度产生巨大影响。

早在 20 世纪初，俄国社会民主工党中央机关报《火星报》创刊之初，列宁就在《〈火星报〉编辑部声明》中指出："我们不打算把我们的机关报变成形形色色的观点的简单堆砌。相反地，我们将本着严正的明确的方针办报。一言以蔽之，这个方针就是马克思主义。"①

1905 年，在《党的组织与党的出版物》一文中，列宁集中且系统地论证了新闻工作的党性原则。首先，列宁提出党的出版物原则，阐明党的新闻宣传工作的地位、作用、特点及其同党组织的关系，他指出，"出版物应当成为党的出版物……社会主义无产阶级应当提出党的出版物的原则，发展这个原则，并且尽可能以完备和完整的形式实现这个原则"，"对于社会主义无产阶级，写作事业不能是个人或集团的赚钱工具，而且根本不能是与无产阶级总的事业无关的个人事业……写作事业应该成为整个无产阶级事业的一部分，成为由整个工人阶级的整个觉悟的先锋队所开动的一部巨大的社会主义民主主义机器的'齿轮和螺丝钉'。写作事业应当成为社会主义民主党有组织、有计划的、统一的党的工作的一个组成部分。"②

其次，列宁还分析了写作自由与党的写作事业之间的关系，认为党的写作事业是党的工作的重要组成部分，但不能"刻板地等同"于党的其他事业，必须尊重写作事业的自然规律。他认为，"在这个事业中，绝对必须保证有个人创造性和个人爱好的广阔天地，有思想和幻想、形式和内容的广阔天地"，"写作事业最不能机械划一、强求一律，少数服从多数"。列宁同时批判了那些打着"思想创作绝对自由"的旗号，企图摆脱党的领导和监督的资产阶级无政府主

---

① 《列宁全集》第 4 卷，人民出版社 1959 年版，第 316 页。

② 列宁在《党的组织与党的出版物》一文中所说的"写作事业"，是比新闻事业更广泛的概念，它包括新闻事业还包括文学、理论等文化事业但在当时的具体环境中，它更多指新闻事业。《列宁全集》第 12 卷，人民出版社 1959 年版，第 93，79 页。

义和个人主义倾向。他说："每个人都有自由写他所愿意写的一切,不受任何限侧。但每个自由的团体(包括党在内),同样也有自由赶走利用党的报刊来鼓吹反党观点的人。言论和出版应当有充分的自由,但是结社也应当有充分的自由。为了言论自由,我们应该给你完全的权利让你随心所欲地叫喊、扯谎和写作。但是,为了结社的自由,你必须给我权利同那些说这说那的人结成联盟或分手。党是自由的联盟,假如它不清洗那些宣传反党观点的党员,它就不可避免地会瓦解,首先在思想上瓦解,然后在物质上瓦解。确定党的观点和反对党观点的界限的,是党纲,是党的策略和党章。"①

与此同时,列宁还强调党性原则的实现必须有坚强的组织保证。列宁要求:"报纸应当成为各个党组织的机关报。写作者一定要参加到各个党组织中去。出版社和发行所、书店和阅览室、图书馆和各种书报营业所,都应当成为党的机构,向党报告工作情况。"②党组织应对违反党性原则、宣传反党观点的党员采取惩罚措施,直至清除出党,列宁还号召工人党员密切关注和监督相关工作。

这样,"新闻工作党性原则的科学含义,在列宁的论述中已由零散发展到系统和完整,呈现出辩证的、联系的、有序的状态"③,列宁提出的党性原则继承和发展了马克思、恩格斯的无产阶级党报思想,使得无产阶级新闻事业有了新的发展起点和发展思路,其在苏联建国后直接指导传媒体制建设,进而在很大程度上成为我国建国初期传媒制度安排的重要参照。

(三)毛泽东的新闻实践和党性新闻观

具体到中国传媒制度的形成与确立,离不开以毛泽东为代表的中国共产党领导人的新闻思想的引领。毛泽东继承了马克思、恩格斯和列宁的新闻思想,在革命运动与社会主义建设初期的实践中,将马克思主义新闻思想与中国具体实践相结合并深化,对党的新闻宣传工作的性质、任务、功能等做出更深入的理论阐释。

1. 毛泽东早期新闻思想与实践

毛泽东新闻思想在新闻宣传工作的实践中形成和发展起来。早于五四时期,毛泽东就积极投身新闻实践活动,创办《潇湘评论》并任主编、担任《新湖南》总编辑并参与《大公报》《申报》等国内诸多报刊撰写、编辑稿件。在内战及

---

① 《列宁全集》第 12 卷,人民出版社 1959 年版,第 95 页。

② 《列宁全集》第 12 卷,人民出版社 1959 年版,第 94 页。

③ 时统宇:《列宁正式创立了新闻工作的党性原则》,《新闻知识》1994 年第 10 期。

抗日战争时期，毛泽东又领导创办《政治周报》《共产党人》《中国工人》《八路军军政杂志》《解放日报》等报刊，在办报过程中他积累了大量新闻实践经验，基于这些新闻实践提出自己对新闻宣传工作的认识与理解，并最终形塑为毛泽东思想。毛泽东在 1942 年三四月延安《解放日报》改版工作时发表的讲话和1948 年 4 月 2 日在接见晋绥日报社编辑人员时发表的讲话奠定了毛泽东新闻思想的基础。

1942 年，为配合全党开展整风运动，毛泽东提出要改造《解放日报》。同年 3 月 16 日，解放日报社召开改版座谈会，毛泽东在会上指出报纸等新闻媒体应整顿"三风"（学风、党风、文风），应宣传和"推行抗日民族统一战线的政策"①。《解放日报》后于 4 月 1 日刊登社论《致读者》，表示党报要"成为党手中最锐利和最有力的武器"。1948 年 4 月 2 日，在解放战争取得节节胜利、新闻工作任务日益繁重之时，毛泽东发表《对晋绥日报编辑人员的谈话》，强调"报纸的作用和力量，就在它能使党的纲领路线，方针政策，工作任务和工作方法，最迅速最广泛地同群众见面"，他指明党的报纸要"担负起教育群众的任务"，通过报纸的宣传，"把党的政策变为群众的行动"②。

新中国成立之后，毛泽东一直非常重视我国新闻事业的建设，多次撰文及发表讲话论述党的新闻工作的路线、方针、任务、方法、队伍建设及文风等问题，还对报纸、广播等新闻媒体的新闻宣传工作及事业发展做出相关指示，毛泽东新闻思想得到进一步地充实与完善。

2. 毛泽东的党性新闻观

毛泽东在中国的革命和建设实践中对新闻工作投入大量精力，既撰写了大量的新闻作品，也发表了许多关于新闻工作的重要论述。其中，1983 年由中共中央文献研究室主编、新华出版社出版的《毛泽东新闻工作文选》中收录了毛泽东有关新闻工作的文章③，这些文章集中体现了毛泽东的马克思主义党性新闻观，具体内容有：

首先，新闻工作要坚持党性原则，要实行"政治家办报"。毛泽东强调，党

---

① 《在〈解放日报〉改版座谈会上的讲话》，《毛泽东文集第 2 卷》，人民出版社 1993 年版，第 409 页。

② 《毛泽东新闻工作文选》，新华出版社 1983 年版，第 151 页。

③ 《文选》编入毛泽东关于新闻工作的论著、讲话、谈话、批语、按语、电报、书信等论述 71 篇；毛泽东为报纸、刊物、通讯社、广播电台写过大量的消息、述评、社论、时评、发言人谈话、答记者问、调查报告、广播讲话、编者按等新闻作品 28 篇；毛泽东为报纸、通讯社、广播电台审阅和修改的稿件 24 篇。

报党刊必须充分认识"办好报纸的根本问题是报社人员的思想革命化问题"，必须提倡"政治家办报"。①

其次，新闻机构要同党保持政治上的一致。毛泽东认为党报党刊要"克服宣传人员中闹独立性的错误倾向"②，"必须无条件地宣传中央的路线和政策"③，"抓紧对通讯社及报纸的领导，务使通讯社及报纸的宣传完全符合于党的政策，务使我们的宣传增强党性"④。

再次，新闻事业要成为指导斗争、指导工作、指导群众、指导舆论的思想武器。早在红军时期，毛泽东就指出，"红军宣传工作的任务，就是扩大政治影响，争取广大群众。由这个宣传任务之实现，才可以实现组织群众，武装群众，建立政权，，消灭反动势力，促进革命高潮等红军的总任务。"⑤新闻工作者还要深入实际、深入群众。毛泽东认为"报纸工作人员……首先要向群众学习"，"要使不懂得变成懂得，就要去做去看"，"报社的同志应当轮流出去参加一个时期的群众工作，参加一个时期的土地改革工作，这是很必要的……在没有出去参加群众工作的时候，也应当多听多看关于群众运动的材料，并且下功夫研究这些材料"，"报社的同志也要经常向下边反映上来的材料学习，慢慢地使自己的实际知识丰富起来，使自己成为有经验的人"⑥。

最后，新闻工作要充分重视作风建设。在整风学习中，毛泽东严厉抨击党八股的八大罪状，指出，"洋八股必须废止，空洞抽象的调头必须少唱，教条主义必须休息，而代之以新鲜活泼的、为中国老百姓所喜闻乐见的中国作风和中国气派"⑦，"各地党报的文字，应力求通俗简洁，不仅使一般干部容易看懂，而且使稍有文化的群众也可以看"，"要使那些识字不多而稍有政治知识的人们听了别人读报后，也能够懂得其意思"⑧。

毛泽东思想中的有关新闻事业与新闻工作的论述，将马列主义基本原理与中国无产阶级党报党刊的具体实践相结合，提出一套适应于中国革命和建设需要的马克思主义新闻学说，为新中国传媒制度的形成和发展奠定了基础，充实了内容。

---

① 《毛泽东新闻工作文选》，新华出版社 1983 年版，第 215 页。

②④ 《毛泽东新闻工作文选》，新华出版社 1983 年版，第 97 页。

③ 《毛泽东新闻工作文选》，新华出版社 1983 年版，第 156 页。

⑤ 《毛泽东新闻工作文选》，新华出版社 1983 年版，第 15 页。

⑥ 《毛泽东新闻工作文选》，新华出版社 1983 年版，第 152 页。

⑦ 《毛泽东新闻工作文选》，新华出版社 1983 年版，第 87 页。

⑧ 《毛泽东新闻工作文选》，新华出版社 1983 年版，第 92 页。

二、制度参照：前苏联的传媒发展模式

在马克思、恩格斯开创的无产阶级新闻事业与马克思主义新闻思想的基础上，在俄国无产阶级革命斗争时期列宁指导创建的无产阶级报刊雏形的基础上，前苏联建国后逐步形成极具代表性的社会主义传媒制度，对此后新中国的传媒制度产生深远的影响。

在党性原则的指引下，前苏联传媒制度的建立首先基于对传媒功能的基本认识："一是必须通过各种定期刊物把它们所能吸引到的全部潜在读者吸引住；二是报刊的任务是它应该成为对发达社会主义各方面进行社会管理的工具。社会政治组织及其管理系统的每一个主要部门，负责出版和领导一份或几份定期报刊，党委会出版和领导所有党的出版物，政府各部、各部门、各社会组织的领导机关都有自己的定期刊物。"[1]在这种基本认识的影响下，前苏联在列宁及斯大林的领导下，于 20 世纪 30 年代形成极具苏联特色的社会主义传媒制度（图 2-1）。

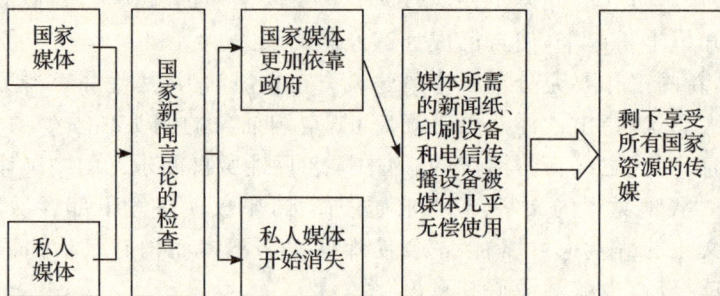

图 2-1 苏联在列宁前期形成的媒体发展模式

资料来源：吴非、胡逢瑛：《俄罗斯传媒体制创新》，南方日报出版社 2006 年版，第 295 页。

我国学者将这种制度的特点归纳如下：第一，从中央到地方形成各种层次的党委机关报刊。所有机关报刊都受同级党委的领导，总编辑由同级党委任命。此外，各种群众团体的报刊、专业报刊、通讯社、广播电台等新闻媒介，也都置于党的领导之下。不允许办私人报刊、电台、同仁报刊、电视台，不允许外国在苏联出版报刊、办电台。第二，各种新闻媒介必须坚持党性原则，必须是

① 吴非、胡逢瑛：《俄罗斯传媒体制创新》，南方日报出版社 2006 年版，第 222 页。

党的事业的一部分,是集体的宣传员、鼓动员、组织者。第三,各种新闻媒介应当从不同的角度、以不同的方式,宣传党的路线、方针、政策,当党和人民的耳目喉舌。不允许宣传与党的路线、方针、政策背道而驰的东西。第四,提倡在报刊、电台上开展批评与自我批评,对党和政府工作人员进行舆论监督。这种批评是为了完善社会主义事业,不允许借口批评错误来否定社会主义,否定党的路线、方针、政策。[①]

在《报刊的四种理论》中,施拉姆也描述了苏联共产党对报刊(新闻传媒)的领导与控制方式:首先,由其各级宣传鼓动部任命编辑,并由中央委员会的宣传鼓动部批准,对编辑的任命首先考虑政治上可靠的人。第二,党通过宣传鼓动部对哪种材料应该在报刊上发表以及如何处理这种材料,发出大量详细指示,报刊的大部分内容都是"统发"材料——党政领导人的往来函件、公开演说和正式文件。第三,党审查并且批评报刊。党的各级组织都有一个专门检阅和批评其相应一级的报刊的委员会。此外,《真理报》保持对于报刊的不间歇的批评,各种全国性的专业报纸经常批评下级的专业报刊。除了这种正式批评以外,还有经常的"自我批评",经常有大量读者来信指出报纸在执行其任务中所产生的过失,这样,就看到了苏联报刊在经常的和彻底的审查中的情况[②]。虽然施拉姆的《报刊的四种理论》常被认为带有强烈的意识形态色彩,鲜明地呈现出冷战时期东西阵营的对立。但毋庸置疑的是,前苏联传媒体制中党委对媒体的控制领导及行政层级与命令贯穿整套管理体制已得到学界研究者与分析家的普遍认同。

因此,前苏联自 1903 年俄国社会民主工党第二次代表大会后形成的单一党报体制,其实就是"集权制"在传媒制度领域的体现。而此后,共产国际将此体制规定为各国无产阶级政党必须采用的党报领导体制,于是,后来建立的无产阶级政党几乎都沿用此种体制[③]。

三、实践基础:解放前共产党的新闻实践

在建党初期,中国共产党就已经开始运用马克思主义新闻思想及前苏联(俄国布尔什维克)的办报经验来指导其新闻实践,直至解放前,"中国共产党

---

① 赵中颉:《列宁新闻思想简论》,《西南政法大学学报》2002 年第 3 期。
② [美]韦尔伯·施拉姆等著,中国人民大学新闻系译:《报刊的四种理论》,新华出版社 1980 年版,第 163,164 页。
③ 丁和根:《中国传媒制度绩效研究》,南方日报出版社 2007 年版,第 18 页。

新闻思想中的许多重要内容，如党性原则、群众办报、新闻批评、实事求是、真实客观，可以说都同当时学习苏联共产党的办报经验、办报传统和列宁、斯大林的新闻思想有着密切关系"①。尤其是 20 年代至 40 年代，列宁在论述党性原则时所提出的报纸应是"集体的宣传员、鼓动员和组织者"的思想成为中国共产党的新闻宣传工作的重要指导思想。

1941 年 2 月 6 日，中国共产党中央委员会早期机关报《新中华报》②在纪念报纸新刊两周年的社论中写道："《新中华报》不仅是中共中央机关报之一，同时是边区党的机关报，也是边区政府的喉舌。两年来由于边区当局的热心指导，使得本报对陕甘宁边区模范的政治、经济、军事、文化、教育等各方面生活作了有系统的反映。特别是由于边区真正新民主政治的实施，人权有了充分合法的保障，才能使得本报真正发挥了舆论指导的神圣职责"③。1941 年 5 月 16 日，《新中华报》与《今日新闻》合并，出版《解放日报》，新华通讯社并入报社采访通讯科，统归中共中央党报委员会直接领导，一切党的政策都经由《解放日报》与新华社向全国宣达。这就奠定下报纸"喉舌"功能的基调，也确立了党对传媒事业的领导体制。

在整风运动期间，中共中央宣传部于 1942 年 3 月 16 日发出《为改造党报的通知》，《通知》中涉及党报的重要性、主要任务、党委与党报的关系、党报的工作方针等诸多内容，其中不少论述对我国传媒制度的安排产生极其重要的影响，一是提出要加强党对报纸的领导，如"把报纸办好，是党的一个中心工作"，"各地党委领导机关必须亲自注意报纸的编辑工作，使党报编辑部与党的领导机关的政治生活联成一气"都一再强调党的领导地位。二是指出要增强报纸的党性和群众性，如"报纸的主要任务就是要宣传党的政策，贯彻党的政

---

① 郑保卫:《中国共产党新闻思想形成和发展的背景与条件》,《当代传播》2005 年第 3 期

② 《新中华报》是中国共产党中央委员会第七份机关报,由《红色中华》改名而来。西安事变后不久,为了适应国共合作及抗日民族统一战线的新情况,中国共产党于 1937 年 1 月 29 日,将《红色中华》改名为《新中华报》。其报纸刊号延续《红色中华》为第 325 期。1937 年 9 月 9 日(第 390 期),《新中华报》由中华苏维埃共和国中央政府机关报改为陕甘宁边区政府机关报。1938 年 12 月 25 日,《新中华报》停刊。共出版 474 期。1939 年 2 月 7 日,《新中华报》(刷新版)创刊。期号为"刷新第一号"。1941 年 5 月 15 日,《新中华报》(刷新版)停刊。次日,与《今日新闻》合并后,改名为《解放日报》。《新中华报》(刷新版)共出版 230 期。

③ 《纪念本报新刊两周年》,《中国共产党新闻工作文件汇编》(下),新华出版社 1980 年版,第 47,48 页。

策,反映党的工作,反映群众生活","如果报纸只是或者以极大篇幅为国内外通讯社登载消息,那末这样的报纸是党性不强","就须立即加以改正","要有与党的生活与群众生活密切相联系的通讯员或特约撰稿员"①,都指明要重视党的报纸与群众的联系。

处于整风改革中的《解放日报》也刊登了大量关于新闻工作的文件、社论和文章,如1942年4月1日刊载的《为改造党报的通知》与《致读者》,反思了报纸创刊以来在党性、群众性、战斗性、组织性这些党报的基本品质方面存在的问题,提出改革的具体措施:一要贯彻坚强的党性,二要密切联系群众,三要洋溢着战斗性,四要做群众运动的提倡者和组织者,"使《解放日报》能够成为真正战斗的党的机关报"②。此外《新闻必须完全真实》《党与党报》《我们对于新闻学的基本观点》等文也相继阐述了一些重大的新闻理论问题,党的新闻思想逐渐成型并趋于成熟。

另外,值得一提的是,1940年12月30日,中国共产党创建的第一座广播电台——延安新华广播电台开始播音,呼号为XNCR,党的广播事业正式起步。由于广播电台属于新华社的一个部门,广播稿由新华社的广播科提供③,广播内容主要为中共中央重要文件、《新中华报》社论、国内外新闻、名人讲演、科学常识、革命故事,所以当时的广播仍隶属于党报体制内的宣传机构,承用党报的内容及管理机制。

解放前中国共产党新闻工作的相关实践及逐步成熟的中国无产阶级新闻思想,如对传媒喉舌功能的强调、共产党在传媒事业中领导地位的确立以及党报管理机制的初步形成,都为此后新中国诞生后建立的中国共产党领导下的传媒事业奠定了理论与制度基础。

---

① 《中宣部为改造党报的通知》,《中国共产党新闻工作文件汇编》(上),新华出版社1980年版,第126,127页。

② 《致读者》(《解放日报》社论),《中国共产党新闻工作文件汇编》(下),新华出版社1980年版,第50,41,52页。

③ 1940年12月,延安新华广播电台建成并开播,呼号为XNCR,该台当时是新华社的部分,广播稿件由设在延安清凉山的新华社广播科提供。延安新华广播电台自1940年底开播,直到1949年3月迁入北平以前,延安台的文字编辑工作一直由新华社的有关部门负责。1949年6月5日,中共中央发出通知,决定将原新华社的"口播部"扩充为"中央广播事业管理处",直属中共中央宣传部,管理并领导全国的广播事业。

第二节 中国传媒制度的特殊性

在马克思主义新闻思想的观照下，借鉴参考苏联的传媒制度，中国建立起具有中国特色的传媒制度。

一、传媒制度安排的逻辑起点——"喉舌论"

对于传媒功能，众多知名传播学者都曾提出过自己的观点，如拉斯韦尔1948年发表的《传播在社会中的结构与功能》一文，将传播的社会功能归纳为三个方面：环境监视功能、社会协调功能、社会遗产传承功能；赖特1959年发表《大众传播：功能的探讨》一文，继承并发展了拉斯韦尔的"三功能说"，提出"四功能说"：环境监视、解释与规定、社会化功能、提供娱乐，"四功能说"在西方广为接受。此外，施拉姆、拉扎斯菲尔德等学者都论述过传媒的功能，大致思想与上述两种观点基本一致。

与以上这些对传媒功能的诸多总结不同，中国传媒制度的构建首先是基于对传媒"喉舌"功能这一源于马克思新闻思想与无产阶级新闻学的认知。

早在1849年，马克思就论述过，"报纸按其使命来说，是社会的捍卫者，是针对当权者的孜孜不倦的揭露者，是无处不在的耳目，是热情维护自由的人民精神的千呼万唤的喉舌"[1]，"报纸的最大好处，就是它每日都能干预运动，能够成为运动的喉舌"[2]，这些论述都成为"喉舌论"的理论源泉。此后，列宁等马克思主义者进一步深化并建立起前苏联的报刊宣传理论，中国共产党继承并发展了这些观点与理论，强调"党报是党的喉舌"，应成为党的"宣传者"与"组织者"。

1929年，《党的生活》在出版启事中阐明"《党的生活》是一般党员的'喉舌'"[3]。1930年党的扩大的六届三中全会决议案明确写到："必须使全体党员了解，党报是党的喉舌。"1941年《解放日报》的创立更是奠定下报纸的"喉舌"功能的基调。

此后，随着形势的发展和新闻实践的深入，"喉舌论"不断发展。从党的喉

---

① 马克思：《新莱茵报审判案》，《马克思主义新闻传播思想经典文本导读》，浙江大学出版社2005年版，第137页。

② 马克思、恩格斯：《〈新莱茵报·政治经济评论〉出版启示》，《马克思主义新闻传播思想经典文本导读》，浙江大学出版社2005年版，第143页。

③ 陈力丹：《马克思主义新闻学词典》，中国广播电视出版社2002年版，第80页。

舌,到提出党、政府和人民的喉舌,其含义与时俱进。新闻传媒的喉舌功能也一直为党的历代领导人所强调①。毛泽东明确提出,"报纸的作用和力量,就在它能使党的纲领路线、方针政策、工作任务和工作方法,最迅速、最广泛地同群众见面"②。邓小平要求宣传思想战线上的战士"作为灵魂工程师","一定要无条件地宣传党的主张"。江泽民也指出:"我们国家的报纸、广播、电视等是党、政府和人民的喉舌。这既说明了新闻工作的性质,又说明了它在党和国家工作中的极其重要的地位和作用。"③胡锦涛也要求"要把提高舆论引导能力放在突出位置","加强主流媒体建设和新兴媒体建设,形成舆论引导新格局"④。

这些相关论述足可见得,"喉舌论"在我国传媒制度安排中的基础性地位。正如喻国明所指出的,"我国传统的传媒体制有一个基本的价值支点,这就是'喉舌论'。换言之,所有的体制设施与政策规定都是围绕着如何保障传媒的'喉舌论'作用而建构起来的"。由此,"喉舌论"成为我国传媒制度安排的逻辑起点。

二、中国社会主义传媒制度建立及特征

社会主义的基本含义是:坚持以公有制为基础、实行按劳分配原则的社会主义基本经济制度;坚持共产党领导、实行人民民主专政的社会主义基本政治制度;坚持以马克思主义为指导的社会主义意识形态。尽管苏联模式的社会主义在一开始也是以此为建设目标,但是它所形成的高度集中的政治经济体制却产生庞大的官僚阶层,这个阶层垄断所有社会资源,使得腐败滋生,获利锐减,最后走向解体。中国的建设与发展借鉴了苏联模式,但中国也一直在探索自己的发展路径,从邓小平开始正式抛弃苏联模式,走上有中国特色社会主义道路。

1956年年底,对农业、手工业和资本主义工商业的社会主义改造基本完成,标志着中国历史上长达数千年的阶级剥削制度结束,社会主义公有制成为我国社会的经济基础,社会主义基本制度在我国初步确立。

而后经过近30年的探索实践,作为全新的社会形态,中国特色社会主义

① 胡兴荣:《中国现代新闻自由主义与喉舌论的演变》,http://www.people.com.cn/GB/14677/22100/40528/40529/2986095.html,2004年11月14日。
② 梁家禄:《中国新闻事业史》,中国广播电视出版社2002年版,第476页。
③ 江泽民:《关于党的新闻工作的几个问题》(1989年11月3日在中宣部全国新闻工作研讨班上的讲话),《十三大以来重要文献选编》(中),人民出版社1991年版,第772页。
④ 胡锦涛:《在人民日报社考察工作时的讲话》,《人民日报》2008年6月21日。

已形成一整套基本的制度特征：即中国特色社会主义的政治，包括党的领导、人民当家做主、依法治国的根本原则和全国人民代表大会制度、共产党领导的多党合作和政治协商制度、民族区域自治制度以及基层民主自治制度；还体现在公有制为主体，多种经济成分长期共存、平等竞争、共同发展的基本经济制度以及以社会主义核心价值体系为根本特征的文化制度①。

中国的传媒制度正是伴随着社会主义制度的建立而形成。在对传媒功能"喉舌论"认知以及中国特色社会主义制度建立的基础之上，中国形成具有自己特色的社会主义传媒制度，主要包含以下几个方面的内容：(1)在所有制形式上，中国的传媒事业实行社会主义公有制，传媒产权属于国家所有，这是实行社会主义新闻自由的重要基础。(2)中国的传媒事业是中国共产党领导下的事业，必须坚持党性原则，体现为"在思想上，要宣传党的理论基础和思想体系，以党的指导思想为新闻工作的准绳；在政治上，要宣传党的纲领路线、方针政策，使之成为亿万人民的实际行动；在组织上，要接受党的领导，遵守党的组织原则和新闻宣传工作的纪律"②。(3)中国的传媒事业在一开始"只强调一种功能，那就是政治宣传功能，单一功能的发挥在很长一段时间内成为新闻媒体生存之本"③，1978年之后，逐步地呈现出传媒组织在传递信息、舆论监督、普及知识、提供娱乐等多方面的社会功能。(4)建国初期，中国传媒财政制度的基本原则是"经营服从宣传，级别决定分配"，自1957年至"文革"结束，传媒组织都享受国家财政全额拨款，实行"统收统支"的政策④。自1978年传媒组织走上"企业化管理"的道路后，传媒组织具备重要的经济功能，要"自负盈亏、自主经营"。再至2003年，一部分传媒组织转制为传媒组织，开始以真正市场主体的身份介入市场运作。

英国学者麦奎尔曾对发展中国家的传媒制度进行归纳与概括，认为它们大致包含以下几个方面："(1)大众传播活动必须与国家政策保持同一轨道，以推动国家发展为基本任务；(2)媒介的自由伴随着相应的责任，这种自由必须在经济优先的原则和满足社会需求的原则下接受一定限制；(3)在传播内容上，要优先传播本国文化，优先使用本民族语言；(4)在新闻和信息交流合作领

---

① 杨耀：《中国特色社会主义的科学内涵》，http://www.nmg.xinhuanet.com/zt/2007-11/15/content_11736383.htm，2007年11月15日。

② 成美、童兵：《新闻理论教程》，中国人民大学出版社1993年版，第148页。

③ 孙旭培：《当代中国新闻改革》，人民出版社2004年版，第49页。

④ 丁和根：《中国传媒制度绩效研究》，南方日报出版社2006年版，第22页。

域,应优先发展与地理、政治和文化比较接近的其他发展中国家的合作关系;
(5)在事关国家发展和社会稳定的利害问题上,国家有权对传播媒介进行检
查、干预、限制乃至实行直接管制。"①这一解读也能用于解释对同样处于发展
中国家行列的中国的传媒制度。

当然,随着社会的不断变迁,中国的社会主义传媒制度还处于不断的发
展、改革和完善之中,置身于这种传媒制度中的传媒组织也在不断地调整。

第三节　中国传媒组织治理结构的变迁历程

传媒制度是与传媒组织治理结构结合得最为紧密的制度"小环境",于是,
中国传媒制度从党和政府对传媒事业的全盘控制到相对放权,从对喉舌功能
的极度强调到逐步发展传媒组织的其他社会功能,从对传媒组织的"统收统
支"到"培育市场主体"的变迁过程,形成传媒组织治理结构变迁的制度框架。
在这一制度框架中,中国传媒组织治理结构经历 1956 年三大改造完成后至
1978 年的"高度政治化的行政领导体制②时期"、1978 年年底"事业单位,企业
化管理"报告的批准至 2003 年的"对行政型治理结构的改革期"、2003 年 6 月
文化体制改革启动以来的"现代企业治理结构的初建"这三个阶段。对中国传
媒组织治理结构变迁中的利弊得失予以总结,对于促使中国传媒改革走出历
史迷思,推动传媒改革深入有着积极的启示作用。

一、1956—1978 年高度政治化的行政领导体制

1949 年中华人民共和国成立后,通过没收官僚资本、改造民族资本和大
规模经济建设,国有经济迅速成为我国社会主义经济的主体力量。在国有经
济主体地位形成的同时,以计划经济管理为特征的集中计划经济体制也逐步

---

　　① 　McQuail, Denis, *Mass Communication: An Introduction*, Sage Publications, London,
1983, Chapter 3.
　　② 　从本质意义上讲,"治理结构"适用范围往往局限于企业的制度安排,具有"事业单
位性质"的传媒组织与此词非属同一范畴。但是,自 1978 年中国传媒业开始实行"事业单
位,企业化管理"的经济政策以来,特别是 20 世纪 90 年代中期,社会主义市场经济体制在
我国确立以来,传媒业在经营运作方面越来越企业化,整个行业的产业属性日益凸显,并
在 21 世纪初开始向现代企业制度的建立迈进。因此,在 1978 年之前,传媒组织更适用"领
导体制"一词,在 1978 年传媒走上产业化的道路之后,"治理结构"一词可被纳入传媒制度
的研究视野。

得以确立。在上层建筑领域，我国社会政治制度和一系列具体制度也建立明确，特别是 1954 年秋，全国第一届人民代表大会召开并制定《中华人民共和国宪法》，它是我国第一部社会主义类型的宪法，明确规定新中国的国家性质和根本政治制度。标志着国家政权性质也由新民主主义转变为社会主义性质。

在解放后至 1956 年这段时期内，中国共产党对报纸、通讯社、广播进行了社会主义改造，以确保党对新闻事业的管理：一是接管了国民党及南京国民政府在大陆上经营的报刊、通讯社、电台，没收它们的一切设备，使之成为国家、全体人民公有财产。二是对于民族资产阶级经营的私营报业、通讯社、电台，先根据公私兼顾政策，协助改造其工作内容，在经济上给以适当投资后贷款扶持其发展，而后实行社会主义改造，通过公私合营、合并改组、逐步赎买的方式转变为国家所有制。这样，在 1956 年我国对生产资料的社会主义改造的完成之后，社会主义经济制度基本确立，中国的新闻事业也由先前的分散状况逐步走向统一集中，都纳入国家所有制，形成以《人民日报》、新华通讯社、中央人民广播电台为核心的全国范围内的规模比较完备的新闻事业网。

在传媒领导体制上，强调党对新闻事业的绝对领导。党对新闻事业的领导主要通过党的宣传部门和各级党组织对新闻传媒的管理来实现，既有纵向上中宣部及各省党委对全国所有从中央到地方各级新闻传媒的领导；也有横向上同级党委对同级新闻传媒的领导，这也意味着任何一家传媒组织都要同时接受上级党组织和同级党组织的双重领导。为了保证这种领导体制的贯彻执行，"各新闻机构制定重大宣传工作计划，必须根据党的路线、纲领、方针、政策和当前工作中心，并报经同级党委审查同意；必须定期向同级党委汇报贯彻执行情况，并根据党委指示改进自己的工作……各新闻机构主要党员领导人列席同级党委会议，有的新闻机构主要领导人由党委宣传部们领导人兼任"①。由此，自 20 世纪 50 年代初到 70 年代末改革开放为止的这段时期，我国传媒组织的领导体制是以党和政府行政机构为逻辑起点和归属的，是由行政机构和行政机制所支撑的。

在宏观层面，中共中央宣传部一直是代表党中央负责宣传工作的最高领导机关。1949 年 11 月，中央人民政府政务院（后改名国务院）新闻总署成立，成为领导和管理全国新闻事业的政府机构，后中宣部直属的中央广播事业局也划归新闻总署领导。但至 1952 年 2 月，新闻总署撤销，负责广播业务管理工作的中央广播事业局改由政务院文化教育委员会领导，宣传业务由中宣部

---

① 刘志筠、童兵：《新闻事业概论》（修订本），山西教育出版社 1987 年版，第 280 页。

直接领导。

在微观层面,中央和地方各级党报中,党委任命报纸总编辑和编委,组成编辑委员会,在编委会领导下分级管理报业行政。其他非党报刊则由主办部门领导机关提出总编人选,报主管部门批准。中央和地方的广播电台、电视台的领导,由领导该台的主管部门提名并经由有关部门同意。所有经批准的媒体领导人,均在同级党委(或政府、主办部门)的领导下开展工作。各家媒体分别设立社(台)委会或编委会,在它们的领导下分层授权,全面管理媒体的各项工作①。

这种领导体制主要沿袭自前苏联《真理报》的内部治理架构,呈现出一种高度政治化的行政治理特色(图 2-2)。首先,1978 年前的传媒组织治理主体非常单一。这一段时期中国政治体制"党政不分,以党代政"的特点体现于传媒组织的领导体制安排中,党组织实际上就成为传媒治理的唯一主体。

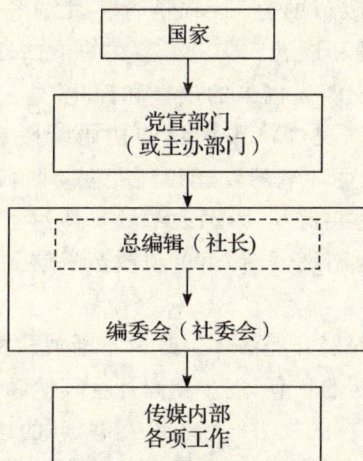

图 2-2　高度政治化的行政领导体制。

资料来源:作者整理。

其次,1978 年前的传媒组织无经营权且有行政级别。一方面,传媒组织都是集中计划经济体制下的国有事业单位,隶属于上级行政主管部门,其发展所需的人、财、物等资源都通过计划进行配置,传媒组织无需进行经营活动、自负盈亏。另一方面,传媒组织都具有相应的行政级别,传媒组织的领导都是国

---

① 　刘志筠、童兵:《新闻事业概论》(修订本),山西教育出版社 1987 年版,第 280 页。

家干部。而且，"媒体在科层式权力结构中的位置决定了它地位的高低和权威的大小，媒体及其领导人的行政级别，新闻源的获得，言论及新闻受重视的程度，主要取决于媒体的政治地位和行政级别"[①]。

最后，从治理机制看，这段时期的传媒组织不存在内部治理机制和外部治理机制的区分，所有传媒组织都依靠国家行政指挥系统运转，指令性计划和政治控制是传媒组织治理的驱动力。

二、1978—2003 年对行政型治理结构的改革

就中国改革的具体变革历程而言，在中国社会最先发生变化的是经济领域，以市场化为导向的经济体制改革拉启了整个中国社会改革的帷幕，使得此后中国的改革始终围绕着市场化改革而展开，并由此不断推动与引领其他领域改革的发生。

具体到中国市场化改革的分期，有学者将其划分为"1978 年十一届三中全会至 1984 年间的启动和试验"、"1984 年党的十二届三中全会至 1992 年全面展开"、"1992 年党的十四大以来的攻坚和深化"这三个阶段[②]。也有学者将此历程划分为"80 年代国民经济市场化的初始阶段和体制内局部市场化阶段"及"90 年代后整个制度环境的变迁和制度创新阶段"、[③]。但无论以何种时间为界，这些学者达成的共识是，中国改革的具体过程是从突破旧体制到创建新体制，由政策调整转为制度创新，由单项改革发展到整个制度安排与制度环境的变革。

在围绕市场化改革而展开经济体制改革不断放权的过程中，原先由党和政府代表的政治权力所垄断的权利，逐步朝向社会其他领域流动，由此带来"分权"这一重要的制度后果，原有的权力格局不断瓦解，新的权力格局逐步形成。

在这种经济体制改革所引发的社会全面改革中，中国传媒组织治理结构也经历了 20 世纪 70 年代至 90 年代初传媒组织领导体制的变革，以及以 1996 年 1 月广州日报报业集团的成立为标志的集团化框架下传媒组织治理结构的构建。

（一）1978—1995 逐步放权让利

20 世纪 70 年代末"文革"结束后，随着思想的解放、经济体制与政治体制

① 丁和根：《中国传媒制度绩效研究》，南方日报出版社 2006 年版，第 24 页。
② 孙尚清主编：《中国市场发展报告 1994》，中国发展出版社 1994 年版，第 1～14 页。
③ 咸台炅：《中国政党政府与市场》，经济日报出版社 2002 年版，第 75～110 页。

的改革,顶着国家财政方面面临的巨大压力,传媒业急迫需要进行改革以适应新的商品经济与缓解财政压力。1978年,财政部批准《人民日报》等首都八家新闻单位要求实行"事业单位,企业化管理"的报告,根据政策,这些单位可从经营收入中提取一定比例用于增加员工收入和福利,改善传媒组织自身的条件。同年12月,国家新闻总署召开全国报纸经理会议并做出决议,报社必须采取与贯彻企业化经营方针。从此,中国传媒组织从完全的计划运作逐步转向市场运作,报社踏上"自主经营、自负盈亏、自我积累、自我发展"的企业化、市场化之路。

在"事业单位,企业化管理"政策实行之后,国家陆续出台了一些方针和政策鼓励传媒组织开展经营活动:1983年,第十一届全国广播电视工作会议提出"以新闻改革为突破口,开展多种经营"以及"四级广播、四级办电视、四级混合覆盖"的基本方针,标志着我国广播电视朝着产业化方向发展,我国广播电视媒体迅速成长起来,逐渐发展形成我国现在的广播电视规模与架构。1988年,新闻出版署和国家工商行政管理局颁布《关于报社、期刊社、出版社开展有偿服务和经营活动的暂行办法》,正式规定报社等出版实体可以兼营广告,可以利用经济、科技、文化、教育、法律、卫生、生活等方面的信息为社会提供有偿服务。1992年,在中国报纸协会举行的全国报社经营管理经验交流会上,"报业经济"的概念首次被提出,并就"我国报业已经进入了一业为主,多种经营,全面开发报业经济的新时期"达成共识,建议放开报社的跨行业经营活动。

在传媒组织的税收方面,1983年,财政部对《经济日报》等中央大报实行"利改税"政策,税后利润全部留报社支配,自此报社开始了艰难的自我积累发展之路。1993年,国家税务总局发出通知,对出版业只征收增值税,不再征收营业税。中共和民主党派各级机关报刊,各级政府、人大、政协、军事部门和工、青、妇组织(后来增加新华社)的机关报刊、课本、少儿读物、科技图书和科技期刊,还免征增值税。

与此同时,传媒组织的产业属性认定也经历了一个循序渐进的过程。1987年,国家科委将"新闻事业"和"广电事业"纳入"中国信息商品化产业"序列,标志着国家对新闻传播业产业属性的初步认识。1992年,在国务院发布的《关于加快发展第三产业的决定》中将"广播影视"正式列入第三产业,要求包括广播电视在内的大部分福利型、公益型和事业型第三产业单位应成为经济实体,向经营型转变,实行企业化经营,做到"自主经营、自负盈亏"。1993年,《国务院批转国家计委关于全国发展规划基本思路的通知》更是具有里程碑式的意义,《通知》中将"广播影视""新闻出版"都纳入第三产业的范畴之中,自此，传媒组织的产业属性得到官方的正式认定。

在国家政策的激励之下，一方面传媒组织的经营实践取得不少突破：20世纪80年代，传媒组织开始广告经营、自办发行；90年代，随着新闻改革的深入，报业掀起"扩版热"、晚报与都市报的先后兴起，广电频道专业化浪潮也席卷而来，节目市场体系逐步发展完善，一些传媒组织开始尝试多元化经营，其经营范围从钢铁、地产到餐饮，涉足范围广泛。

另一方面，传媒组织在经营实践上的突破也推动传媒组织内部运作机制改革，"在计划经济体制下，媒介的经营体制以服务宣传为主，侧重于总编辑负责制或社长、总编辑负责制。总的来说，存在重采编而轻经营的缺陷。从20世纪90年代中期以来，《羊城晚报》率先实行社长领导下的总编辑、总经理分工负责制被众多媒介效仿，这种经营和管理体制的核心就是采编和经营的剥离"①。

这一阶段，改革的焦点是"放权让利"，相关政策的实施使得传媒组织能够参与分享剩余索取权和控制权，传媒组织自我发展和争取创造利润的意识觉醒，拉开传媒组织走向市场序幕。在"放权让利"中，传媒组织只获得部分经营权和收益权，国家仍牢牢控制绝大部分的经营权和收益权，从治理结构的角度看，其局限十分明显，它只在管理层面赋予传媒组织更多的管理手段，并不触及行政型治理结构的实质（图2-3）。

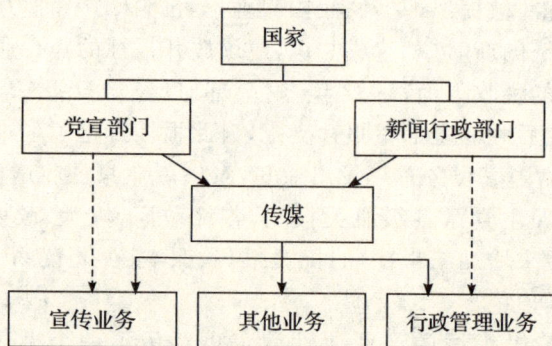

图 2-3　放权让利时期的传媒组织治理结构
资料来源：作者整理。

其一，初步形成"双轨管理"的管理体制，党的部门和政府部门都参与对传

---

① 武汉大学媒体发展研究中心、武汉大学新闻与传播学院：《中国媒体发展研究报告》（2003—2004年卷），武汉大学出版社2005年版，第125页。

媒组织的管理。长期以来,中国的传媒组织都是党的事业的重要组成部分,所以传媒组织基本受党委的直接领导,而新闻出版署的成立改变了党委作为单一领导主体的状态。1986 年国家新闻出版署成立,"统筹新闻和出版的行业管理,确保新闻出版业的正常秩序。广播电视总局主管广播电视的管理工作。党的宣传部门对传媒组织的管理侧重于对新闻媒介政治思想方向上的管理,对新闻传播的舆论导向加以监督和指导;政府主管部门的管理则侧重于对新闻媒介的行政管理,包括通过制定一定的政策或行政规章对传媒组织的微观行为加以规范。传媒的管理体制由党委宣传部'大权独揽'变为'分渠道、集中、分级'"①。有学者认为这是"新闻管理从政党管理向行政管理转化,最终实现法制管理"的重要步骤②。

传媒组织的治理主体实质上仍是国家行政机构,主体单一性和行政性色彩并未褪去,只是表面上看来稍稍有所淡化。

其二,传媒组织实行"事业单位,企业化管理",通过实施"利改税"政策,令财政部门与传媒组织之间形成旨在使传媒组织"独立核算,自负盈亏,照章纳税"的"承包合同制",从之前由政府全额负责传媒组织的运作经费改为政府仅承担对党报的财政津贴、新闻纸补贴。与之相应,传媒组织在财政体制上分为全额拨款、差额拨款、自收自支三类。财经制度最根本的变化是,传媒组织掌握一定的财政自主权,开始具有独立于党政主管部门之外的"本位利益"③。放权让利强化了对传媒组织及其成员的激励,但没建立起相应的约束机制。此外,放权让利也不涉及传统传媒组织领导层的选拔、评价和监督等内容。

其三,治理机制方面也存在一些不足。就外部治理机制而言,作为重要治理手段之一的市场作用虚置。传媒市场中④,广告处于卖方市场,供不应求,发行大量依靠行政性摊派来推动,资本市场尚未正式启动,经理人市场更是无从谈起,这决定了市场这一外部治理机制难以对传媒组织产生治理作用。在内部治理机制上,传媒组织的内部决策机制、薪酬激励机制等都未及时跟上形势,如传媒组织虽获得部分剩余索取权和剩余控制权,但这一部分权益如何在传媒组织内部分配,却未有效解决。

① 余丽丽:《社会转型与媒介的社会控制》,复旦大学 2003 年博士论文,第 64,65 页。
② Chen, H. & Chan, M. (1998). *Press Freedom in Birdcase*. In Chang, J. (ed.). China After Deng. HongKong: City University Press, p645.
③ 余丽丽:《社会转型与媒介的社会控制》,复旦大学 2003 年博士论文,第 65 页。
④ 传媒市场主要由三大市场构成:产品市场(广告与发行市场)、资本市场、经理人市场。

不过，放权让利阶段的传媒改革在治理结构建设方面也有一定的积极意义，如《羊城晚报》实行社长领导下的总编辑、总经理分工负责制，传媒组织运作机制发生重大变革，"经营"这一传媒功能得到强调并获得独立发展的地位。这说明，传统体制下以"喉舌论"为基点的高度政治化的行政型传媒组织治理结构（领导体制）开始松动。

（二）1996—2003 集团化、资本化探索

自 1978 年"事业单位，企业化管理"之后，传媒组织走上产业化的道路，传媒组织的产业属性日益凸显，传媒组织显示出对于资本与利润的巨大渴求，它们期望通过规模的扩张、资本的集聚来实现更快的发展。

同时，国内外形势的发展进一步促进了政府对于传媒集团化相关政策的颁布与实施。一是，中国传媒组织经过 20 年余的发展，市场化程度日益加深，一方面，政府要考虑在政治上加强对数量众多及形式各异的传媒组织的有效控制，另一方面，在其他产业纷纷成立企业集团的影响下，政府也希望通过整合传媒资源改善传媒组织分散且弱小的状况。二是，从世界范围来看，20 世纪 90 年代，欧美国家传媒产业进入急剧合并扩张期，全球化不断重构着国际政治经济结构和世界秩序，中国难以置身事外，必然融入全球化，因此，中国政府开始考虑做大做强传媒组织以抵抗全球化背景下国外传媒集团的进攻。于是，自 1996 年开始，我国政府连续发布传媒相关法规与政策，涉及传媒产权、结构调整、组建集团、内容版权、媒介进入资本市场、向跨国媒介集团及国际资本开放的领域及程度等①。

具体到报业集团化，早于 1994 年，新闻出版署发布《关于书报刊音像出版单位成立集团的通知》，首次在政策方面提出并认可"传媒集团化"的发展方向。1996 年 1 月 5 日，国家新闻出版署批准广州日报报业集团成立。于是，广州日报报业集团作为我国第一家传媒集团，拉开了中国传媒集团化的序幕。迄今为止，我国共成立 39 家报业集团②。

在报业集团迅猛发展的带动下，广播电视业也积极地进行广电集团的组建。1996 年中共中央办公厅、国务院办公厅颁布《关于加强新闻出版广播电视业管理的通知》，1997 年广播电影电视部据此下发的相关文件提出"三台合一、局台合一"的广播电视机构合并模式，政府通过行政权力撮合具有行政区

---

① 江蓝生、谢绳武主编：《中国文化产业发展报告》（2003 年），社会科学文献出版社2003 年版，第 179 页。

② 数据截至 2009 年 6 月。

域化的广电集团。1999 年 6 月 9 日，无锡广播电视集团获批成立，标志着全国第一家广电集团的诞生。2000 年 12 月底，中国第一家省级的广播电影电视集团在湖南宣告成立。此后，北京、上海、山东、江苏、浙江、四川、广东等的广电业相继重组，全国广电集团一度达到 18 家。其中，规模最大的是 2001 年 12 月 6 日成立的中国广播电影电视集团①。该集团由中央电视台、中央人民广播电台、中国国际广播电台外、中国电影集团公司、中广影视传输网络有限责任公司、中国广播电视互联网站等六大主体单位组成，合并之初，中国广播电影电视集团有员工 2 万多人，固定资产 214 亿元，年收入 111 亿元②。

在传媒组织进行集团化运作的同时，一些传媒组织开始涉足资本市场。1996 年，上海东方明珠股份有限公司在上海证券交易所上市，标志着中国传媒业与资本市场开始接轨。1999 年 3 月 25 日，湖南电广传媒股份有限公司在深交所挂牌上市，主营业务包括节目制作、广告、广播电视网络等广播电视三大资源开发业务，成为真正意义上的"中国传媒第一股"。此后，歌华有线、中视传媒、广电网络、东方明珠、博瑞传播、赛迪传媒等传媒公司都通过各种方式纷纷上市。

相关文件的颁布更是为传媒组织的资本运作保驾护航。2001 年，中共中央办公厅、国务院办公厅转发《中央宣传部、国家广电总局、新闻出版总署关于深化新闻出版广播影视业改革的若干意见》（中办发［2001］17 号文件），提出："开辟安全有效融资渠道，提高资本运作效率。新闻媒体主体由国家主办经营，不吸收外资和私人资本。根据事业发展需要，报业集团、出版集团、广电集团的新闻宣传部门经批准可在新闻出版广播影视部门融资，其经营部门（报刊的印刷发行和广电的传输网络等）经批准可以有限责任公司或股份有限公司的形式，由集团控股，吸收国有大型企事业单位的资金，但投资方不参与宣传业务和经营管理。"这些文件为传媒组织向国有企事业单位融资提供了政策保证。虽然业内外资金并不被允许参与编辑业务，也不允许控股，外资和私人资本更是被隔绝于传媒组织之外，但这些政策的出台毕竟为传媒组织的资本运作提供了机会。在政策不断出台的情势下，2001 年人民日报与北大青鸟合资创办的《京华时报》拉开了国有商业资本合法进入传媒业的序幕，此后业内资本、国有资本在传媒领域运作日渐活跃。

2002 年，中国证券监督管理委员会颁布《上市公司行业分类指引》，该"指

---

① 2005 年中国广播电影电视集团解体。

② 谢耕耘：《中国传媒资本运营若干问题研究》，《新闻界》2006 年第 3 期。

引"将"传播与文化产业"增列确定为上市公司的 13 个基本产业门类之一。其中,传播与文化产业又主要分为出版、声像、广播电影电视、艺术、信息传播业等 4 个大类。这意味着无论是国有还是民营文化企业在上市融资方面已经基本上没有政策障碍。①

　　无论是传媒集团组建后实现内部众多子媒体、子公司的有效整合与规范运作,还是传媒组织在资本化运作过程中所涉及的兼并、重组、上市等行为,都要求传媒组织建立起完善的现代企业治理结构。于是,在集团化与资本化运作的过程中,不少传媒组织,特别是传媒集团开始按照现代法人制度来设计治理结构(图 2-4)。

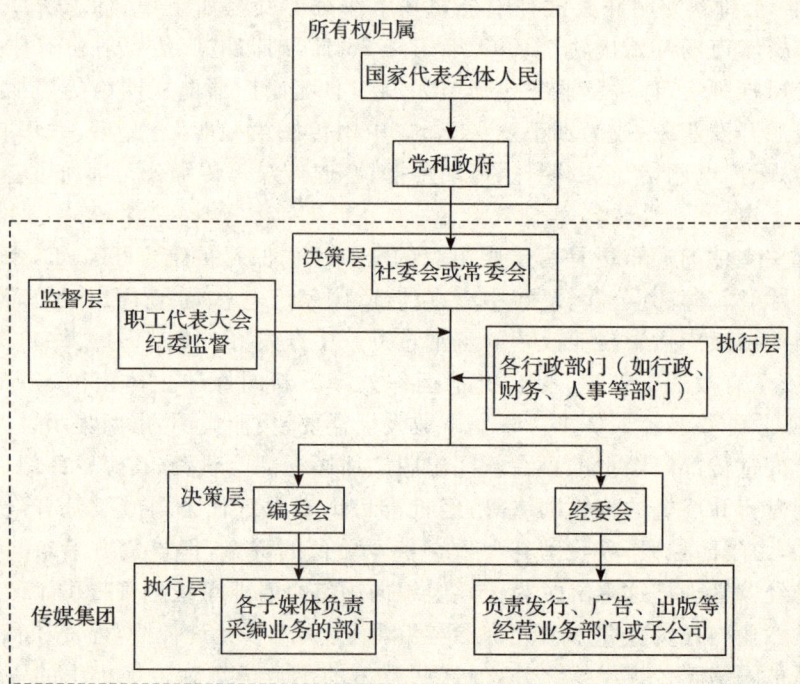

图 2-4　集团化时期的传媒组织治理结构

资料来源:作者整理。

　　首先,传媒集团发挥两级治理的作用,即政府管集团、集团管下属子媒体。对于政府而言,政府通过对报业集团和广电集团中的龙头——党报、党刊、广

① 朱学东、延景安:《叩问传媒资本市场》,《传媒》2004 年第 9 期。

播电视台的管理,来实现对集团内其他媒体的引导与控制,可有效发挥政府宣传管理的治理作用,又有利于合理的政府激励机制的建构,并在一定程度上缓解我国传媒组织散、滥、小的问题。对于传媒集团而言,通过集团、集团子媒体(或子公司)的组织架构在集团内建立起资产分级监管体制,各子媒体和经营实体获得更多的实际运作权利。这也迫使集团按照《企业法》、《公司法》的要求来运作和管理集团资产,向现代法人制度转变。

其次,这些传媒集团都初步建成决策层(包括党委会或社委会、编委会、经委会)、执行层(各行政与业务部门)、监督层(工会、纪委监察、监委会)的治理结构,并将治理结构与党委领导相结合。

最后,进入集团化阶段之后,各传媒集团基本上都将采编与经营进行分离,实行采编和经营"双轨"治理,即是一个集团里"采编业务"与"经营管理"两个轮子分开转,这也是中国传媒集团化发展的特有景观。

但是,这一时期的传媒组织的治理模式仍然未摆脱掉浓厚的行政治理的色彩。由于传媒组织的产权并未发生根本性改革,传媒组织的性质仍然是事业单位,与政府之间仍是隶属关系,传媒组织的国有资产所有权与经营权仍然掌握在政府手中,因此,此时的传媒组织并不是真正的市场主体。这样,即使传媒组织搭建起现代法人制度的基本框架,在资本运作方面有所突破,但并未做到产权明晰、权责明确、政企政事分开,距离真正意义上的现代企业制度仍然相差甚远。

三、2003 年之后现代企业治理结构初建

2003 年 6 月 2 至 28 日,全国文化体制改革试点工作会议在北京召开,确定了承担试点任务的 35 个试点单位。通过试点改革,文化体制改革的基本工作思路日益明确,即"一二三四"。一是坚持"一个目标":最大限度地满足人民群众日益增长的精神文化需求。二是转动"两个轮子":大力发展公益性文化事业;大力发展经营性文化产业。三是认清"三个关系":社会主义市场经济规律要求和社会主义精神文明建设要求"两个要求"相统一;社会效益和经济效益"两个效益"相统一;"宏观管理和微观搞活"相统一。四是抓住四个关键:重塑文化市场主体;完善市场体系;改善宏观管理;转变政府职能。

从配套政策看,针对试点工作中迫切需要解决的一系列问题,国务院下发了《国务院办公厅关于印发文化体制改革试点中支持文化产业发展和经营性文化事业单位转制为企业的两个规定的通知》,即《文化体制改革试点中支持文化产业发展的规定(试行)》和《文化体制改革试点中经营性文化事业单位转

制为企业的规定（试行）》，具体涉及财政税收、投融资、资产处置、工商管理、价格、授权经营、收入分配、社会保障、人员分流安置、法人登记 10 个方面，为改革的顺利推进提供了政策性保障，并为文化产业的发展指明了方向，"在政策许可范围内，对投资兴办文化企业的，要尽力减少行政审批环节，简化审批手续，不得收取政策规定之外的任何附加费用。党报、党刊、电台、电视台等重要新闻媒体经营部分剥离转制为企业，在确保国家绝对控股的前提下，允许吸收社会资本；国有发行集团、转制为企业的科技类报刊和出版单位，在原国有投资主体控股的前提下，允许吸收国内其他社会资本投资；广播电视传输网络公司在广电系统国有资本控股的前提下，经批准可吸收国有资本和民营资本。鼓励、支持、引导社会资本以股份制、民营等形式，兴办影视制作、放映、演艺、娱乐、发行、会展、中介服务等文化企业，并享受同国有文化企业同等待遇。通过股份制改造实现投资主体多元化的文化企业，符合条件的可申请上市"①。

之后，新闻出版总署颁布的《关于印发〈关于贯彻落实《关于深化新闻出版广播影视业改革的若干意见》的实施细则〉的通知》则突破只允许"国有资本"进入传媒组织的限制，开放了部分资本进入渠道，许可"各类资本"都可以参与传媒组织经营业务。2005 年 3 月 29 日，财政部、海关总署、国家税务总局联合发布《关于文化体制改革中经营性文化事业单位转制后企业的若干税收政策问题的通知》（财税［2005］1 号）和《关于文化体制改革试点中支持文化产业发展若干税收政策问题的通知》（财税［2005］2 号）两个文件，经营性文化事业单位转制为企业的税收问题和支持文化产业发展的税收问题，制定了详细的优惠政策体现出国家对新兴文化产业的重视。

2005 年 8 月国务院颁布《关于非公有资本进入文化产业的若干决定》，允许非公有资本进入出版物印刷、可录类光盘生产等文化行业和领域，还可参股出版物印刷、发行，新闻出版单位的广告、发行，广播电台和电视台的音乐、科技、体育、娱乐方面的节目制作，电影制作发行放映，可以建设和经营有线电视接入网，参与有线电视接收端数字化改造，但在这些文化企业中，国有资本必须控股 51% 以上。这一决定，表明我国鼓励非公有资本进入政策许可的出版领域。

在相关政策的鼓励与支持下，伴随着"事业与企业"两分开的文化体制改革，除了国有传媒事业单位之外，我国传媒市场将存在两类性质不同的传媒组

---

① 《文化体制改革税收政策问题》，http://www.chinaacc.com/new/2005_9/5090814414526.htm，2005 年 9 月 8 日。

织：一类是通过各种途径转企改制的国有传媒组织，如 2005 年，南方日报报业集团更名为南方报业传媒集团后组建的南方报业传媒集团公司、同年挂牌成立的重庆日报报业集团产业有限责任公司，还有整体转企改制的《中国保险报》，以及于 2006 年获准实行国有资产授权经营的浙江日报报业集团公司等；另一类是由各类社会资本以各种形式如股份制、民营形式进入传媒产业而形成的股份制传媒组织、民营传媒组织、中外合资、合作的传媒组织，这些传媒组织都将实行"自主经营、自负盈亏、自我约束、自我发展"的经营机制，成为我国传媒市场上独立的市场主体。

在传媒组织的资本运作方面，在确保国家绝对控股的前提下，传媒组织开始吸收国内其他社会资本投资。在报纸行业，2003 年 8 月初，上海青年报社与北京北大文化发展有限公司、江苏盛世网络传媒公司共同投资成立上海青年传媒有限公司。其中，上海青年报社占注册资本的 40%；北大文化发展有限公司占 30%；盛世网络传媒公司占 30%。上海青年传媒有限公司全权代理或受托经营《上海青年报》的发行、广告、印刷等业务。在广电行业，2003 年，南京台以文体、生活、股市信息三个频道三年经营权和部分固定资产作为投入，与业外资本联合进行公司化运营；北大华亿影视文化有限公司所拥有的海南旅游卫视频道股权的 50% 出让给保利文化艺术有限公司，双方合作各占股50% 组成中国保利华亿文化传媒有限公司，经营海南旅游卫视频道；2004 年，浙江广厦集团出资 6000 万元与浙江广电集团联合成立浙江影视集团，核心资产包括浙江电视台影视文化频道部分广告经营权；同年，杭州电视台少儿频道产业经营部分由业内外资本联合投资组建杭州好朋友传媒有限公司，对频道进行产业经营，这些都是业外资本进入传媒领域的有益尝试。

进入 2007 年，传媒业企业上市在更广更深的层面展开。在报纸企业方面：先是有解放日报报业集团借壳新华传媒整体上市，后有"粤传媒"从三板成功转主板，以及湖北日报谋划借壳上市；2007 年 12 月 21 日，作为中央文化体制改革中"采编与经营整体上市"的唯一试点单位，辽宁出版传媒股份有限公司在上海证券交易所挂牌上市①。

由此可见，传媒体制改革已经深入到"培育新型市场主体，完善投融资体制"的核心发展阶段。尤其是对于经营性传媒组织，它们发展的重点是"进行体制机制创新，完善法人治理结构，逐步建立规范的现代企业制度，有条件的

①　谢耕耘：《中国传媒资本运营若干问题研究》，《新闻界》2006 年第 3 期。

还要进一步加快产权制度改革，实行投资主体多元化。"①传媒组织治理结构向构建现代企业治理结构迈进的趋势是显而易见的。

四、传媒组织治理结构的变迁特质

在对传媒组织治理结构的变迁过程进行详细梳理后，我们仍有必要对此过程的特点与趋向进行更加深入的分析与把握，从而更深刻的理解与把握传媒组织治理结构改革与创新方向。

（一）制度变迁：制度非均衡向制度均衡的转变

制度分析方法即是将制度的选择看作博弈的结果，制度变迁实际上是对制度非均衡的一种反应，制度变迁必须有来自于制度不均衡的获利机会。从初始的制度均衡，到制度不均衡，再到制度均衡，周而复始，这个过程就是人类制度变迁的过程②。

分析制度及其变迁问题时，成本—收益分析法是通常采用的方法。正如新制度经济学派的代表性人物诺斯（North）所言："如果预期的净收益（即潜在利润）超过预期的成本，一项制度安排就会被创新。"③于是，制度成本与制度收益的关系成为观察制度变迁与制度创新的重要视角。

制度均衡，就是人们对现行制度安排和制度结构感到满意，因而无意改变现行制度。从成本—收益方面进行权衡，如果现行制度安排和制度结构收益大于零，且在各种可供选择的制度安排和制度结构中净收益最大，这项制度就是最佳制度，这时的制度状态就是制度均衡。制度非均衡，就是人们对现行制度并不满意，呈现出的意欲改变而又尚未改变的状态。从成本—收益方面讲，之所以对现行制度持不满意态度，是由于现行制度安排和制度结构的净收益小于另一种可供选择的制度安排和制度结构，通过选择其他制度可以获取更多的净收益，这时就会产生新的潜在的制度需求和潜在的制度供给，造成潜在制度需求大于实际制度需求，潜在制度供给大于实际制度供给④。从此意义

① 张金海、余晓莉：《媒介发展政策导向与制度变迁》，《中国媒体发展研究报告》（2003—2004年卷），武汉大学出版社2005年版，第123～134页。

② 蒋雅文：《论制度变迁理论的变迁》，《经济评论》2003年第4期。

③ ［美］戴维斯、［美］诺斯：《制度变迁的理论：概念与原因》，［美］科斯等著，刘守英等译：《财产权利与制度变迁——产权学派与新制度学派译文集》，上海人民出版社1994年版，第274页。

④ 张曙光：《论制度均衡和制度变革》，《经济研究》1992年第6期。

上讲,制度均衡实质上是指制度达到"帕累托最优"(Pareto efficiency)①。但制度均衡往往只是理想状态,难以在实践中真正实现,制度在绝大多数时候都是处于非均衡状态,由此而言,制度变迁实质上就是"帕累托改进"的过程。

引起制度非均衡的因素纷繁复杂,如制度选择集合的改变、技术改变、资源条件的改变、外部环境的变化、制度服务的需求的改变以及其他影响制度安排因素的改变等,这些改变一方面使原有的制度安排和制度结构不再是净收益最大的制度,从而产生了制度创新的要求,另一方面又改变了可供选择的制度集合的范围,影响制度的有效供给,于是导致制度非均衡的形成②。

(二)传媒组织治理结构变迁的特征

任何制度安排和制度选择都不是随意的,而是人们依据成本—收益分析权衡及选择的结果。在传媒制度的变迁中,传媒组织和政府都有进行制度选择的权衡标准。"前者主要以经济上的成本收益比较为其制度选择和制度变革的出发点,并以超过制度变迁成本的最大收益为目标函数。而后者既考虑经济收益(即产出最大化),又考虑非经济收益(统治者的最大稳定和政党利益的最大化等,制度经济学中将此称为'政府的租金最大化')"③。

在这两大利益主体互动的过程中,中国的传媒组织治理结构不断变化,作为国家代表的党和政府,作为"初级行为团体"的传媒组织,都在共同地促发着传媒组织治理结构的变迁。它并非单纯的"强制性制度变迁",也不是绝对的"诱致性制度变迁"④,这一变迁过程及特征可具体描述如下图(图2-5)。

---

① 帕累托最优指:此时所考察的经济已不可能改变产品和资源的配置,其他人(至少一个人)的效用水平至少不下降的情况下,使任何别人(至少一个人)的效用水平有所提高。反之,所谓"帕累托无效率"指就是一个经济还可能在其他人效用水平不变的情况下,通过重新配置资源和产品,使得一个或一些人的效用水平有所提高。在存在经济无效率的情况下,若进行了资源重新配置,使得某些人的效用水平在其他人的效用不变的情况下有所提高,这种"重新配置",就称为"帕累托改进"。肖焰:《企业治理结构变迁研究》,西北农林科技大学2005年博士论文,第88,89页。

② 柯武刚、史漫飞:《制度经济学》,商务印书馆2000年版,第463～495页。肖焰:《企业治理结构变迁研究》,西北农林科技大学2005年博士论文,第89页。

③ 周劲:《转型期中国传媒制度变迁的经济学分析——以报业改革为案例》,《现代传播》2005年第1期。

④ 制度变迁理论认为,制度变迁的主体既可以是政府,也可以是单个行为主体,即个人或利益集团。以政府为主体的变迁是强制性制度变迁,以个人或利益集团为主体的变迁是诱致性制度变迁。

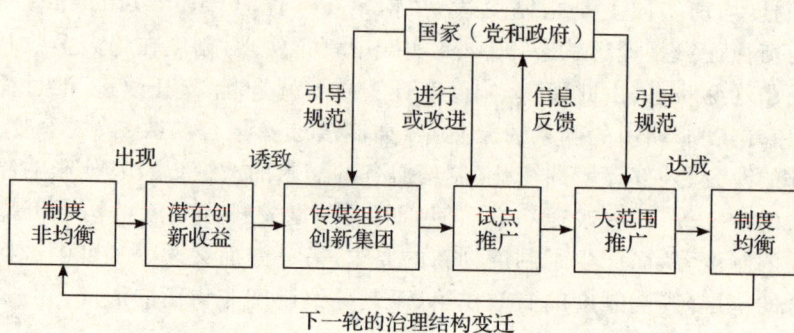

图 2-5　传媒组织治理结构变迁过程

资料来源：作者整理。

1. 制度均衡的打破

改革开放后，随着市场化改革的推进与市场力量的崛起，中国的政治、经济体制与社会生活都发生巨大变革。传媒组织原先所处的高度集中的计划经济体制与"党政合一"的生存环境发生变化。于是之前高度政治化的行政型治理结构（领导体制）不再适应与满足处于商品经济环境中的传媒组织的运作与发展，原有制度均衡被打破，潜在创新收益出现，形成当下的制度非均衡。

2. 制度非均衡下传媒组织的自发创新

在制度非均衡的情况下，对现有制度的调整与创新有可能获得更多的收益。在我国传媒组织踏上市场化道路并日渐深入之时，一些传媒组织敏锐地发现进行制度创新将获得更多的潜在收益，于是为获得制度创新所能带来的潜在收益，这些传媒组织作为制度变迁的创新集团，率先自发地进行制度创新，积极地突破原有制度的拘囿，不断朝着制度更核心的地方推进。

从《人民日报》等八家媒体要求实行"事业单位、企业化管理"，到《羊城晚报》率先实行的总编辑与总经理分工负责制，再到报业集团的成立、对外的融资，以及近几年来集团公司的组建、上市等，都是由传媒组织作为创新集团自发性地对固有制度的不断突破。

3. 制度创新中政府的引导与支持

在中国由于政府长期以来在制度安排与制度改革中的主导作用，即使是在"自发的制度安排，尤其是正式的制度安排变迁中，往往也需要用政府的行动来促进变迁过程"①。

在传媒创新集团进行制度创新的过程中,政府根据自己对传媒组织治理目标的期许和约束条件对传媒创新集团进行的制度创新进行评估,在确定其制度创新方案所能带来的收益大于所需成本之后,会对此制度创新加以同意、承认甚至鼓励。而事实上,传媒创新集团采取的每项制度创新,都获得政府的同意或默许②。

在对制度创新方案进行评估之后,政府往往选择一些合适的传媒组织作为试点单位,小范围地实施新的制度创新方案。为了确保制度创新顺利推进,降低制度创新风险,政府会通过颁发相关配套政策为制度创新提供保障,如政府在改革中为传媒组织提供税收上的优惠,党报在订阅上甚至还能得到公费的支持,市场的专营权(如政府在报纸"刊号"审批、广电频率分配上的严格控制实际就是将一定区域内的具有垄断性的经营权授予得到审批的传媒单位)更是建立"进入壁垒",使得传媒行业内的竞争激烈程度远小于其他行业。这些都使得传媒组织在获得制度创新收益的同时,还获得由这些优惠政策带来的"垄断租金",于是传媒组织获得巨大的经济利益。

4. 新的制度均衡和非均衡的形成与出现

在试点改革成功后,政府就会将试点经验由点及面地在大范围内予以推广。随着试点范围的逐步扩大,制度创新带来的潜在收益渐渐消失,新的制度均衡形成。随着社会的不断变化与变迁,随着传媒业的不断发展,新的制度非均衡又日渐形成,引发着下一轮制度变迁。

从变迁的历程看,传媒组织治理结构从高度政治化的行政领导体制向现代企业治理结构演变,之中伴随市场力量与传媒组织自身力量的崛起,来自传媒组织自发形成的诱导性变迁推动着中国传媒组织治理结构的不断革新,这毋庸置疑。

以制度变迁的路径依赖理论为观照,对于长期集权统治且市场不发达的国家来说,强制性制度变迁将起主要作用③。中国即是如此,改革开放以后,

---

① 林毅夫:《关于制度变迁的经济理论:诱致性变迁与强制性变迁》,[美]科斯等著,刘守英等译:《财产权利与制度变迁——产权学派与新制度学派译文集》,上海人民出版社1994年版,第384页。

② 张裕亮:《大陆报业经营制度改革——制度变迁理论的观点》,《中国大陆研究》(台北)2002年第6期。

③ 贺卫、伍山林:《制度经济学》,机械工业出版社2003年版,第155页。

中国的政治权力中心——党和政府仍是改革的倡导者和组织者，党和政府的制度创新能力和意愿是决定变迁方向的主导因素。

因此，总体上说，传媒组织治理结构是由政府作为主导来进行制度选择与制度创新的。在其变迁过程之中，从对传媒创新集团制度创新的评估到对制度创新的修正与改进，从对试点单位的"圈定"到配套措施的颁布与"进入壁垒"的设置，从试点单位制度创新成果的评价到试点经验的推广，无一不是政府行为占据着决定性的地位与发挥着控制性的作用，传媒组织治理结构变迁自始至终都离不开政府的"行政之手"的推动与掌控。

在 20 世纪末，陈怀林曾用"上下合谋"①这种说法来形容 20 世纪 90 年代中国传媒制度变迁的特点，这一描述同样可作为对中国传媒组织治理结构变迁过程动力机制的最佳概括，我国传媒组织治理结构变迁也是在政府主导推动与传媒组织自发创新互动过程中形成的"上下合谋"式的制度变迁。

---

① 陈怀林:《九十年代中国传媒的制度演变》,《二十一世纪》(香港)1999 年第 6 期。

第二章　中国传媒组织治理结构的现状分析

以"喉舌论"为逻辑起点的中国传媒组织治理结构在经过长期的制度变迁后，从行政型治理结构朝向现代企业治理结构转型，这种转型并非一蹴而就，而是不断地进行着改革与调整，形成当下的传媒组织治理结构现状。

第一节　当前传媒组织治理的几种主要模式

2003 年启动的文化体制改革的一个重要步骤即是"事转企""独转股"的转制改革。目前国内的大部分传媒组织都处于"事转企"阶段。"事转企"包含两个层次，其一是"剥离转制"，主要在党报党刊等重要的新闻媒体内进行；其二是"整体转制"，在产业属性强、意识形态属性较弱的科技、专业类的新闻出版单位内进行。

在传媒体制改革中，传媒组织的形态属性发生变化的背景下，传媒组织积极探索如何将党委领导和法人治理结构相结合，按照现代企业制度的要求，对其治理结构进行安排与设计。此过程中形成几种主要的治理模式：

一、报社的四种治理模式

（一）广东模式：社长领导下的编委会和经委会负责制

1994 年 2 月 19 日，羊城晚报社首开先河，实行社长领导下的总编辑、总经理负责制，俗称"三驾马车，两个轮子"。而此前，国内绝大部分报社采用的都是党委会或编委会领导下的社长或总编辑负责制。1995 年 8 月，南方日报社的治理结构改为社长领导下的总编辑、总经理负责制。同年 12 月，广州日报社也开始实行社委会领导下的社长负责制，社委会下设编辑委员会和经营管理委员会。从治理结构的设计来看，这三大报业都将采编和经营划归至不同的委员会主管，并将报社内部部分权力下放，总编辑和总经理都拥有了一定程度的决策权。

20世纪90年代中后期，在报业集团的组建浪潮中，广东三大报团的治理架构基本遵循党中央和国家新闻出版总署所批准的标准模式：集团设社长（董事长），并兼任党委书记，负责集团的全面工作；集团内分设采编、经营两大系统，采编系统由集团总编辑负责并兼任主报总编辑，负责报业的采编工作；经营系统由总经理负责，主管经营工作。集团下属的子报子刊，分设总编辑、总经理，分别负责所属报刊的编辑业务和经营业务。

在这些报团中，最早实行"总编辑、总经理分工负责制"的羊城晚报报业集团，其治理结构的架构与改革颇具代表性。羊城晚报报业集团于1998年5月18日经国家新闻出版署批准正式成立，并于2005年作为广东省文化体制改革的试点单位，启动自成立集团后首次大力度的体制改革，主要围绕采编经营两分开进行更深入的改革，在此基础上将经营部分真正地推向市场（图3-1）。

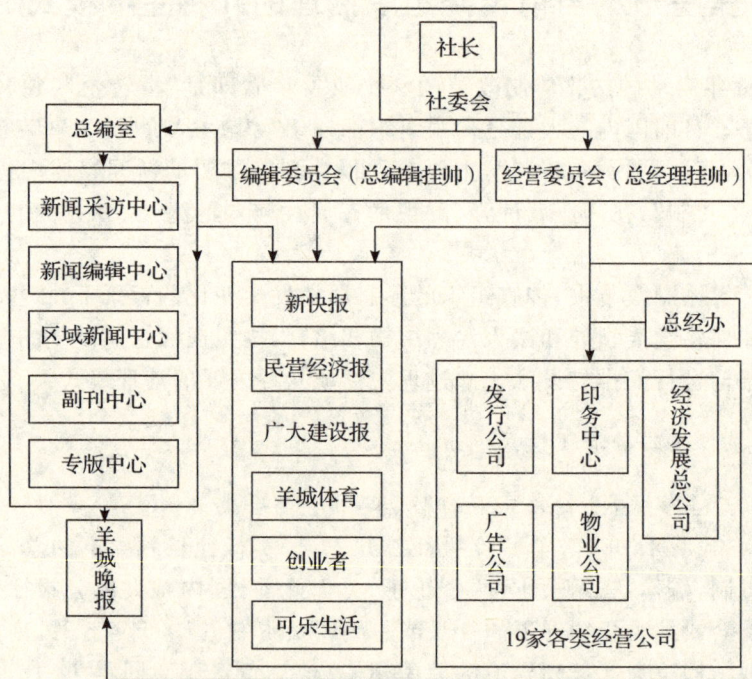

图3-1　羊城晚报报业集团的内部治理结构（2009年前）

资料来源：作者整理。

在保持原有大架构的情况下，集团新成立由总编辑挂帅的编辑委员会，负责把握主报及子报子刊的宣传舆论导向与新闻采编任务。编委会成员由部分社会成员及一批中青年骨干构成，使其决策能更加年轻化、专业化。此外，集团还设立总编室，负责编委会的日常事务，其下设立五大中心，即新闻编辑中心、新闻采访中心、区域新闻中心（珠三角地区的新闻采访与编辑）、副刊中心、专版中心。中心主任由编委中的集团社委担任，中心下设部门主任，部分部门主任兼任中心副主任。

具体到集团下属媒体，其主报《羊城晚报》在实现编辑、经营两分开以后，为从产权上保证集团对经营公司的控制，羊城晚报经营公司每年以上缴红利方式来保证羊城晚报的采编工作顺利展开。

对子媒体与子公司，集团在引入外来资金扩大事业规模的同时，也按照市场要求改进其架构形态与治理结构。集团在 2006 年对其下属的两大子报《民营经济报》与《新快报》进行实验性的改革，将子报子刊的经营性业务剥离出来实行市场化运作，引进民间资本参股经营。首先是新快报和侨鑫集团于 2006 年 10 月份签订合作协议，仍由报业集团掌有《新快报》的宣传内容终审权和采编干部任免权；民间资本进入经营部分，则与集团共同组建经营性公司，集团全权委托该公司负责经营《新快报》的经营性业务，由此初步实现两权分离。除集团任命的总编辑外，《新快报》的工作人员都进入经营性子公司，按照《公司法》的要求建立人事制度与分配制度。同年 12 月 5 日，《民营经济报》也进行改革，在保证新闻媒体意识形态属性的同时，来自交通、制药、通讯、房地产等行业的八家民营企业均投入民营资本参与报刊经营，在采编方面保留日报形态，实行周刊化运作。

2009 年，随着文化体制改革的全面展开，羊城晚报报业集团进行了又一次的大幅度改革，根据羊城晚报报业集团改革方案，"羊城晚报报业集团下设羊城晚报社、羊城报业传媒集团有限公司。羊城晚报社作为正厅级公益三类事业单位，具体负责集团的新闻采编业务，贯彻执行党和政府在新闻宣传方面的路线、方针、政策，把握正确的舆论导向，承担羊城晚报的采访、编辑工作。新组建的羊城报业传媒集团有限公司，作为省属企业，是剥离报业集团经营性资产、业务组建的企业法人，集团公司按照现代企业制度要求，设立董事会、监事会，建立法人治理结构"[①]。

---

①　广东省机构编制委员会办公室综合处：《羊城晚报报业集团机构编制方案》，2009 年 9 月 7 日。

在具体治理结构建设方面，羊城晚报报业集团层面设立党委会、管委会与编委会，由党委会与管委会总体把握集团报刊的舆论导向和集团资产的保值增值，集团所有重大决策经集团党委会和管委会讨论批准后方能实施；编委会负责主报《羊城晚报》及集团系列报刊、出版社的舆论导向，具体负责集团的新闻采编业务。作为企业法人的羊城报业传媒集团有限公司则设立董事会作为集团公司经营发展的决策机构，负责集团公司的日常经营业务和经营管理方面的决策。有关集团公司的重大经营决策和投资决策在董事会通过之后，必须经集团管委会和党委会批准。由此，羊城晚报报业集团的现代企业制度构建进入实施阶段。

与此同时，同在广东的另两家报业传媒集团也在转企改制过程中，实现采编与经营的"两分开"。2005年，南方报业传媒集团成立作为事业单位的南方日报社和作为企业法人的南方报业传媒集团公司，广州日报报业集团也于2009年成立广州日报报业经营有限公司和广州大洋传媒有限公司。对于这两个传媒集团而言，作为企业法人的集团公司及其下属公司都将按照现代企业的规范来运作。

（二）上海模式：党委领导下的社长负责制

上海的两大报业集团解放日报报业集团与文汇新民联合报业集团①都采用的党委领导下的社长负责制。

解放日报报业集团于2000年10月9日宣告成立，其时该报团以中共上海市委机关报《解放日报》为龙头，旗下拥有《解放日报》、《新闻晨报》、《新闻晚报》、《支部生活》、《报刊文摘》、《申江服务导报》、《上海小说》、《上海学生英文报》、《人才市场报》、《上海计算机报》、《房地产时报》、《新上海人》、《解放日报电子网络版》共九报三刊一网，集团总资产价值（不含无形资产）已达10.3亿元②。

在治理结构上，解放日报报业集团实行党委领导下的社长负责制。党委会是集团的政治核心，实施党对报业集团的政治领导权；社委会是集团的行政领导机构，社长对集团行政事务负总责，集团的重大问题由党委会、社委会研究决定。新闻宣传采编工作实行总编辑（党委副书记、集团副社长兼任）负责制，经营管理工作由总经理负责。集团的主体地位主要体现在五个方面：集团

---

① 2013年10月28日，经中共上海市委批准，由解放日报报业集团和文汇新民联合报业集团整合重组的上海报业集团正式成立。

② 上海市地方志办公室，http://www.shtong.gov.cn。

是决策领导主体、人事分配主体、财务监管主体、资产管理主体和投资发展主体。对集团下属系列报刊，集团实行"六统一、四独立"的管理原则，即由集团统一管理系列报刊的宣传导向、发展规划、报纸定位、资产管理、干部任免、财务监管，对各系列报刊实行独立建制、独立编制、独立采编、独立核算。对集团下属经营单位实行"经营与管理分开"和"统一管理、分类经营"的原则，凡能独立核算的，都从母体中剥离出来，实行独立核算和公司化经营①。

上海另一大报业集团则是国内首家"强强联合"组建的报业集团——文汇新民联合报业集团。1998 年 5 月 25 日，上海市委关于组建文汇新民联合报业集团的批复正式下达。同年 7 月 25 日，文汇新民联合报业集团正式成立。

文汇新民联合报业集团是中共上海市委宣传部直属事业单位，实行党委领导下的社长负责制（图 3-2）。党委书记兼社长全面负责集团工作，新闻宣

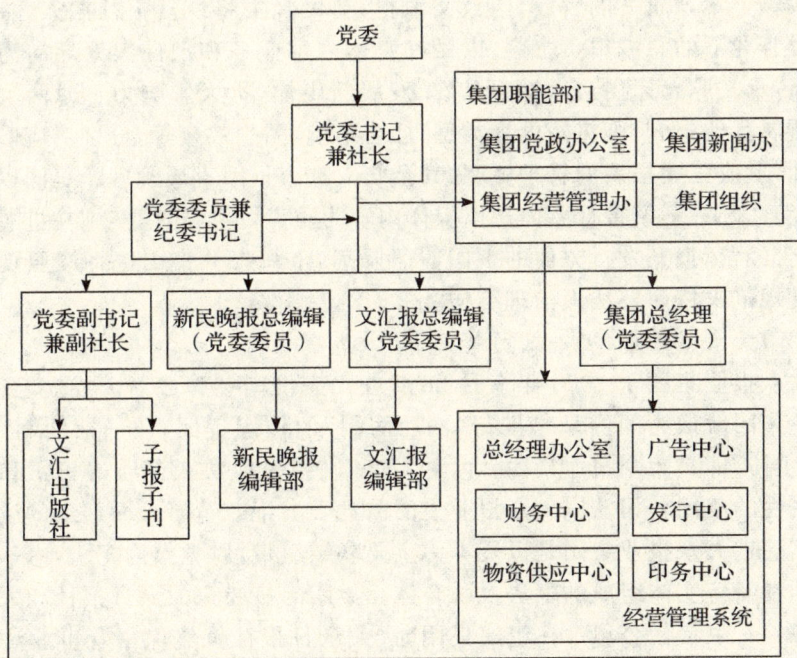

图 3-2　文汇新民联合报业集团内部治理结构图

资料来源：常永新：《传媒集团公司治理》，中国传媒大学出版社 2006 年版，第 136 页。

---

① 《解放日报》，http://news.xinhuanet.com/newmedia/2006-07/27/content_4884305.htm，2006 年 7 月 27 日。

传工作和下属子报子刊由党委副书记兼副社长负责，下属经济实体实行总经理（党委委员兼任）负责制。文汇报党委书记兼总编辑（集团党委委员兼任）、新民晚报党委书记兼总编辑（集团党委委员兼任）。文汇报社、新民晚报社原先具有的独立事业单位建制随之撤销，保留《文汇报》和《新民晚报》两家报名，两报分别设置编辑部。除了新闻采访、编辑人员和与之直接相关的人员外，原两报所属的党群组织、行政管理部门和经营管理部门等由报业集团统一重组。

在经营管理上，集团总经理及经营管理系统负责处理集团的经营管理工作。集团经营系统设置了发行中心、广告中心、印务中心、财务中心、物资供应中心和总经理办公室等，集团对下属经济实体提出经济要求，实行经济核算。

2013 年 10 月 28 日，由解放日报报业集团和文汇新民联合报业集团合并成立的上海报业集团挂牌成立后，根据上海市委常委会审议通过的报业集团调整改革方案，"旗下的解放日报、文汇报、新民晚报将恢复报社法人建制，实行党委领导下的总编辑负责制，以做好媒体内容业务和把握舆论导向为主要责任，传承文脉，彰显特色，做强品牌，发展新媒体，扩大影响力。原两大报业集团所属其他报刊，则将按内容类型、社会影响、品牌效应等，分别对应归属三大报社，形成三大报系的管理体制，其余归入都市报系直属管理。集团以统管统筹经营为主；三家报社要体现以媒体内容为重点，同时组织实施在进军新媒体、广告经营、报刊发行方面的工作"①。随后，上海报业集团也将按照现代企业制度规范来搭建其法人治理结构。

（三）大众报业模式：一社两制三系统

大众报业集团于 2000 年 9 月 28 日在山东济南挂牌成立。成立之初，大众报业集团就成为国内最早推行"一社两制"的传媒集团。"一社两制"中的"一个主体"即是大众报业集团，"两种制度"则指事业法人性质的集团和企业法人属性的集团公司。以大众报业集团前党委书记兼董事长徐熙玉的说法来解释，就是"大众报业集团是以资本为主要联结纽带，以党报为龙头，由一系列子报刊和经济实体组成的多法人联合体。集团的核心为大众日报社和大众报业（集团）有限责任公司。在组建集团时，大众日报社依然保留着事业法人身份，而作为集团母公司的大众报业（集团）有限责任公司，则注册为企业法人。这样，就使大众报业集团成为上半身为事业单位，下半身为企业的结合体，"一

---

① 姜微、杨金志、季明：《解放日报报业集团和文汇新民联合报业集团合二为一》，http://news.ifeng.com/gundong/detail_2013_10/29/30747690_0.shtml，2013 年 10 月 29 日。

社两制"的称谓由此而生。① 此后,不少传媒集团都借鉴大众报业集团的"一社两制"进行改革。

　　大众报业集团在治理结构方面的改革始自 2001 年。该年,大众报业集团一改宣传、广告、发行"三位一体"的状况,实行"两分开"制改革,将宣传和经营相对分开,把广告、印刷、发行等经营业务、经营人员、经营机构从各媒体中剥离出来,成立广告、发行、印务、信息、物资、物业、置业等由大众报业集团公司(母公司)控股的有限责任公司(子公司)。集团在"两分开"的基础之上进行统分结合:以党委为龙头,把宣传和经营统起来,建立健全党委领导下的三大执行系统,即宣传组织系统、经营组织系统和党组织系统(图 3-3)。

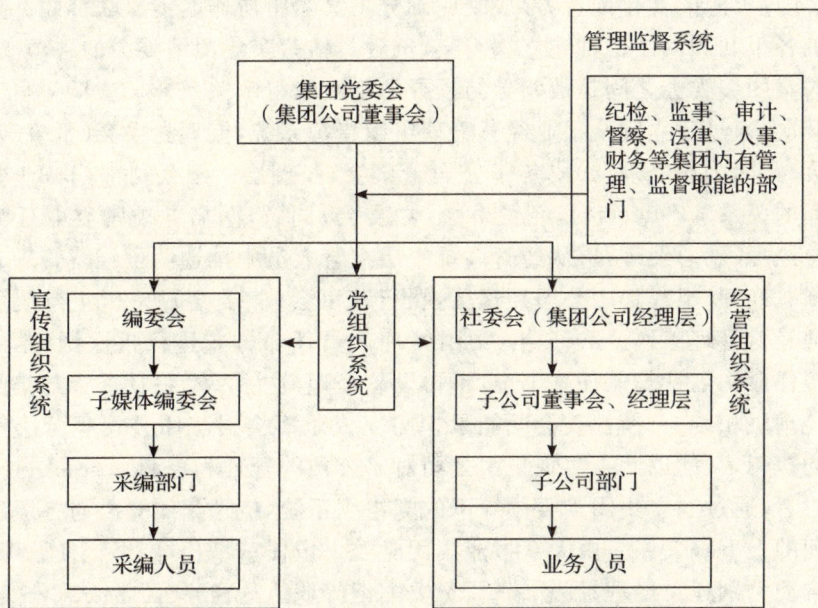

图 3-3　大众日报报业集团内部治理结构图

资料来源:作者整理。

　　在最高决策机构方面,为保证党委的核心地位,集团党委会与集团公司董事会实行"一套人马,两块牌子",以保证党委对宣传和经营两个系统的领导:党委在有关重大宣传报道、机构设置、人事任免、投资决策、战略规划、工作部

---

　　① 张秀平:《大众报业集团的"一社两制"》,《中国出版年鉴 2002 年卷》,商务印书馆,2002 年版,第 429 页。

署等集团与集团公司的重大决策事项上具有决策权。特别是 2003 年，山东省政府国资局正式对大众报业（集团）有限公司实行国有资产授权经营后，由党委会以董事会的名义承担国有资产保值增值责任。

在执行机构设置上，首先建立宣传组织指挥系统，梳理党委会—编委会—子媒体编委会—采编部门—采编人员之间的关系。作为集团日常新闻业务工作的领导指挥机构，集团编委会由集团总编辑、副总编辑及从主报中层和子报刊、网站总编辑中选拔出的三名委员共同组成，负责执行集团党委会做出的新闻宣传决策；其具体职责包括：制定章程，规定对各媒体的管理细则，确保舆论导向正确，负责根据读者和市场需求调整报刊结构，促进各报刊之间新闻、信息、人才等资源的优化配置，形成既明确分工又紧密协作的传媒联合体。集团下属的各报刊和网站也都建立编委会，负责具体落实集团编委会的各项决议，它们与集团编委会之间是被领导与领导的下上级行政关系。

其次，通过建立健全报业经营管理组织指挥系统，梳理党委会（董事会）—社委会（集团公司经理层）—各子公司董事会、经理层—子公司部门—业务人员之间的关系。2004 年初，经董事会（党委会）同意，两名党委常委兼任集团公司总经理、副总经理，再从经管系统中层主管人员中推选两位经营管理人员担任副总经理，组成集团公司经理层，执行董事会（党委会）决议，主持集团公司日常经营管理工作。2005 年，集团管理人员任命方式进行再次调整，由省委直接任命一名社长兼任副书记，不再设总经理，这一举动将社委会与集团公司的经理层相统一，使社委会既能承担与完成董事会对集团公司经营决策与方针的执行，又能以此来实现集团公司对子公司的管理和控制。

再者，通过建立集团党委领导下的党组织系统，梳理集团党委与各级党组织之间的上下级关系。由大众报业集团党委书记任董事长，副书记任总编辑，其他常委分别任总经理、副总编辑、纪委书记等职。这样，集团常委兼任实职，符合党委作为集团最高领导和决策机构的要求。在集团下属的每个子报、子刊、网站和子公司都建立党总支或党支部，党总支、党支部领导都是行政主要领导。

与此同时，集团的管理监督系统涵盖了纪检、监事、审计、督察、法律、人事、财务等集团内有关管理、监督职能的部门，一方面通过健全集团职能部门来协调宣传与经营两方面的关系，协调集团子媒体与子公司之间的利益和行为；另一方面，在上级尚未依法委派监事的情况下，形成以纪委为龙头、"人员统一调配、问题分类处理"的管理监督体系，同时在集团下属各子媒体、子公司设置纪检监察员,使各项监督落实到位①。

(四)保险报业模式:董事会和党委会双重领导

本轮文化体制改革的一项重要任务即是推动文化单位的"转企改制"。"转企改制"可归纳为两种类型,包括"整体转制"和"剥离转制":"整体转制"指新闻传媒机构由企业化管理的事业单位整体改制为企业;"剥离转制"则指新闻传媒机构中的广告、印刷、发行、传输网络以及影视节目制作等经营部分从事业单位中剥离出来成为企业。大部分新闻传媒机构改革都是采用的"剥离转制",中国保险报则采用"整体转制"方式改革的代表性新闻传媒机构。

创刊于1994年的《中国保险报》是中国再保险集团公司(中再集团)主办的以保险业为特色内容的行业报,是中国保险监督管理委员会授予重大信息披露权的指定媒体。21世纪初,我国保险行业正处于上升发展期,但作为保险行业报的《中国保险报》却难以适应形势发展,面临着通过改制来寻求新的发展方向,恰逢此时正在推进的文化体制改革为此提供积极条件。2004年3月底,中再集团向新闻出版总署和中国保监会提交中国保险报社股份制改造方案,很快得到批准。2005年4月,中国保险报业股份有限公司成立。

根据国家有关政策和新闻出版总署、中国保监会的指示,中国保险报社的股份制改造在筹备之初就确立两大原则,一是确保党对媒体的领导,确保正确的舆论导向;二是确保国有投资主体控股,确保国有资产保值增值。基于两大原则,中国保险报社的股份制改造实现从采编到经营的整体转制,在国有控股的基础上引入多元化投资主体,既吸收保险行业和新闻出版业的资本,也容纳民营资本。成立之初的中国保险报社,由中再集团控股40%②,中国人寿持股20%,中国人保持股10%,北京畅想、上海福禧则分别持股15%,注册资本一亿元人民币。由于民营资本参与,中国保险报的此次改制也被人称为中国报

① 徐熙玉:《建立"两纵""三横"式集团新体制》,《中国记者》2004年第10期。徐熙玉:《报业集团体制创新和组织再造的九大着力点》,《青年记者》2005年第2期。《加强舆论引导力协调管理与发展——大众报业集团文化体制改革试点工作介绍》,《中国出版》2006年第5期。《大众报业集团文化体制改革试点工作总结》,《中国新闻年鉴2006年卷》,中国社会科学出版社2006年版,第93页。

② 在对中国保险报社原有资产的处置上,中再保险(集团)公司聘请专业资产评估机构评估中国保险报社原有流动资产、长期投资、固定资产、无形资产、流动负债及账外无形资产。评估确认的净资产以股份的形式,作为中再集团40%股比的一部分,投入新公司。按国家的有关规定,无形资产不能做投资实有资产,因此,中国保险报社原有无形资产无法折成股份,不记入新公司资产。

业改革的"惊天举措"，"保险业的一小步，传媒业的一大步"[1]。多元化投资主体的引入，无疑为建立规范的现代企业制度和完善的法人治理结构，为产业化经营和市场竞争奠定了良好的基础。

整体转制后，中国保险报业股份有限公司在内部最高治理机构方面，建立董事会和党委会的双重领导机制（图 3-4），以确保党对媒体的领导、正确的舆论导向以及国有资产保值增值。董事会向股东大会负责，董事名额由 5 家股东按所持股比分配，10％的股份对应一个董事名额；党委会成员由公司总裁、副总裁共 4 人组成，职责是确保党对媒体的领导与正确舆论导向。公司最大股东中再保险（集团）公司总经理戴凤举出任公司董事长兼总裁的同时兼任公司党委书记。

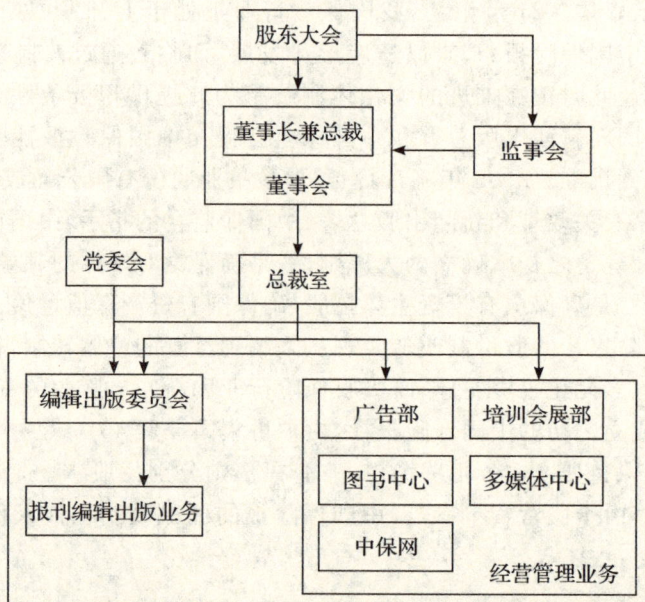

图 3-4 中国保险报业股份有限公司内部治理结构图

资料来源：作者整理。

公司内部实行董事会领导下的总经理负责制，董事会决定公司重大事项，总经理负责公司日常经营管理事务，设立有员工代表参与的监事会。与此同时，公司还设立编辑出版委员会对报纸的编辑出版负责，对采编部门实行人员

---

① 杨驰原：《全国首家整体股份制新闻机构震撼登场》，《传媒》2005 年第 5 期。

定编和工资包干,实行一套有综合目标体系、以打分来量化的采编部门考核管理方法。

由此,中国保险报业股份有限公司形成股东大会决定董事会和监事会成员,董事会决定经理层人选,经理层行使经营权,初步构建权力机构、决策机构、执行机构和监督机构之间相互制衡的治理结构,建立起相应的用人机制、财务机制、分配激励机制与监督考核机制①。

二、广电的五种治理模式

相比报业,中国的广电业一直被认为带有更为浓厚的行政色彩。自 1978 年改革后,广电领域经历了三次比较大的结构调整:1983 年中共中央 37 号文件确定了"四级办"的事业建设体制,形成行政区域化的广播电视发展格局;1996 年中办、国办《关于加强新闻出版广播电视业管理的通知》和 1997 年广播电影电视部的《关于贯彻落实中办、国办〈关于加强新闻出版广播电视业管理的通知〉的方案》以及《关于县(市)广播电视播出机构合并的意见》提出"三台合一、局台合一"的广播电视机构合并模式;1999 年国办厅印发《关于加强广播电视有线网络建设管理的意见》(82 号文件)提出推进"四级变两级"广播电视改革,即在三台合一的基础上,推进地(市)、省级无线电视台和有线电视台的合并,同时在省、自治区、直辖市内组建包括广播电台、电视台在内的广播电视集团。显而易见,这三次调整都是由政府依靠行政力量进行的撮合,而非通过市场手段进行的整合与资源配置。

直至 2004 年 12 月,在全国广播影视工作会议上,国家广电总局明确表示今后不再批准组建事业性质的广电集团,只允许组建事业性质的广播电视台或总台;此前已经成立的事业性质广电集团,如要继续保留事业性质,可将集团改为总台,把经营性资产剥离组建新的产业经营公司或集团公司。由此,广播电视机构的改革与运作将更多地转向市场机制,剥离和组建新的产业经营公司或集团公司的工作逐步在广电系统推开。而后,在 2009 年广电业开启的新一轮制播分离改革过程中,进一步将播出平台与节目制作及经营性资产剥

①　齐人:《中国保险报:从全民到股份的体制跨越》,《青年记者》2005 年第 5 期。杨驰原:《保险资本 VS 传媒体制——小步与一大步》,http://media.people.com.cn/GB/40699/3383416.html,2005 年 5 月 12 日。曲哲涵:《我国首家整体实行股份制的新闻机构在京揭牌》,http://media.people.com.cn/GB/40606/3331136.html,2005 年 4 月 19 日。《抱住行业的"金碗"——中国保险报业股份有限公司三年回望》,《传媒》2008 年第 8 期。

离,在此过程中广播电视机构也相应地搭建起符合各自需求的治理结构。

(一)湖南模式:董事会领导下总经理负责制

湖南广播影视集团(湖南广电集团)是于 2000 年 12 月 27 日宣告成立的中国第一家省级广电传媒集团。在当时的管理体制上,广电集团与省广播电视局和湖南电视台总台合署办公("一套人马,三个牌子"),集团、省局和总台的领导层相互交叉任职:省局作为行政单位负责行政领导、行业管理;集团作为事业单位,负责生产经营。然后,集团把与产业经营有关的各单位(广告公司、网络公司、节目制作购销公司、市场研究公司及会展中心等)整合进新组建的电广传媒股份公司。

集团内部实行董事会领导下总经理负责制(图 3-5),集团设立董事会、监事会和以总经理为首的管理团队,并由总经理兼任湖南电视台台长负责集团的全面工作。

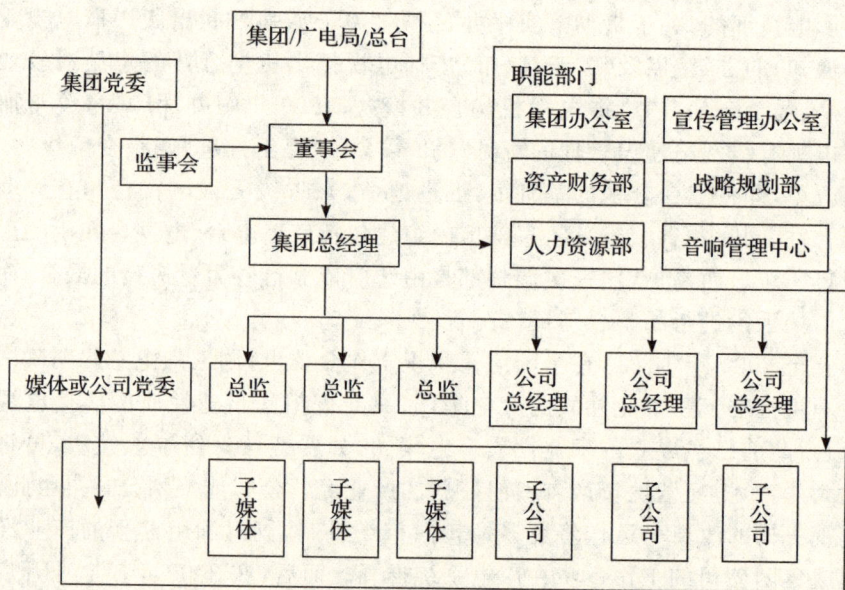

图 3-5　湖南广播影视集团内部治理结构图(2009 年前)

资料来源:作者整理。

随着文化体制改革与制播分离改革的推进,湖南广电集团自 2009 年始,频频与盛大、淘宝网、青海卫视等共同出资成立子公司进行跨媒体和跨区域的资本运作,在实现新旧媒体合作、打造与延长产业链的同时,通过合资公司进行资本运作在产权结构、融资功能、内部治理结构等方面有很大程度的改善和提高，也使得湖南广电集团跨越体制障碍、实现转企改制与完善治理结构的需求更为迫切。显然，这是一种以市场激活内部机制，以增量激活存量的改革思路。

2010 年 1 月，湖南广电局和湖南广播电视台"政企分开"，以往兼顾行政职能的湖南广播电影集团被撤销。同年 6 月，湖南广播电视台与芒果传媒有限公司正式挂牌。新组建的湖南广播电视台为正厅级事业机构，对所属湖南卫视、湖南经视等省级广播电视媒体实行"统一宣传、统一人事、统一财务资产、统一营销、统一技术"的管理原则，强化"办广电"的职能。由湖南广播电视台全资组建具有独立法人资格的芒果传媒有限公司将以全新市场主体身份实现企业化运作，然后再陆续将原湖南广电集团旗下的华夏影视、快乐阳光、天娱、快乐购、青芒果、金鹰网、芒果 TV 等 60 多家公司的经营性资产"嫁接"入芒果传媒。但迄今为止，芒果传媒尚未进入实质化运转阶段，治理结构也并未组建到位。

（二）上海模式：党委领导下总裁负责制

2001 年 11 月，在整合上海人民广播电台、上海东方广播电台、上海电视台、东方电视台、上海有线电视台等单位的基础上，上海文广新闻传媒集团（SMG）正式成立。以上海文广新闻传媒集团的成立为契机，上海广电行业行政主管部门的事权职责和广电产业经营动作分开，广电机构与负责行业管理的政府部门脱钩，实现广电部门与集团"两块牌子、两套人马"。

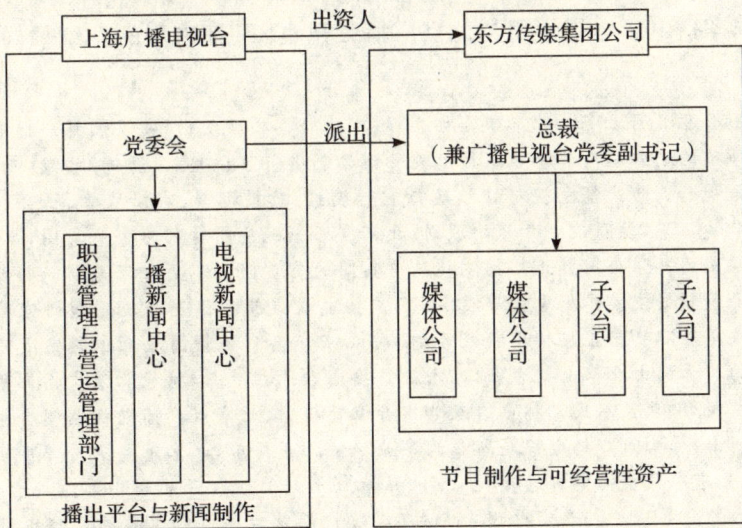

图 3-6　上海广播电视台与东方传媒内部治理结构图

资料来源：作者整理。

2009 年 10 月，上海广电制播分离改革启动，将原上海文广新闻传媒集团（SMG）"一分为二"。原上海文广新闻传媒集团播出资源和涉及"新闻制作"的部门，置入新成立的上海广播电视台，实行事业体制，由中共上海市委宣传部领导、市文广局实行行政管理；然后将允许制播分离的节目制作和广告经营业务从事业体制中剥离转企，由上海广播电视台出资成立上海东方传媒（集团）有限责任公司。

作为"台属、台控、台管"的控股集团公司，东方传媒集团公司初步搭建起党委会、董事会、监事会以及经理层在内的公司治理结构：一方面，上海广播电视台作为东方传媒集团公司的出资人，掌握着集团公司重大事项的决策权、资产配置的控制权、主要领导干部的任免权、节目内容的编辑权、审查权和播出权，尤其是东方传媒集团及下属子公司主要负责人和党组织领导，均由上海广播电视台及其上级领导部门考察任命，确保经上海市委宣传部审批核准的人员在公司董事会和经营管理人员中的比例超过 2/3，由此落实"党管干部"原则。同时，在东方传媒集团内部实行总裁负责制，总裁由上海广播电视台党委副书记兼任。另一方面，在内容管理上，上海广播电视台设立"节目编审委员会"行使对东方传媒集团及各子公司提供节目的最终审核权，并且上海广播电视台作为出资方和控股股东对东方传媒集团及其子公司中关系宣传导向和文化安全的重大决策拥有一票否决权。

（三）北京模式：党委领导下的管委会负责制

中国广播电影电视集团与北京广播影视集团①都采用的党组领导下的管

---

① 2005 年 3 月 29 日，北京市委办公厅、市政府办公厅发出《关于调整广播电视管理体制有关事项的通知》，对北京市广播电视管理体制进行了调整。《通知》明确：一，保留北京市广播电视局。市广播电视局继续履行宣传调控、政策调节、市场监管、社会管理和公共服务的职责。二，按照政企分开的原则，北京广播影视集团转制为企业集团，名称为"北京北广传媒集团有限公司"，市广播电视局与集团的负责同志不再相互兼职。将北京广播影视集团原承担的发展广播电视事业、制定广播电视事业单位发展规划和研究广播电视管理体制改革等职责交市广播电视局承担；将北京广播影视集团原承担的完成宣传文化工作任务的职责交由北京电视台、北京人民广播电台承担。三，将原北京广播影视集团所属的北京电视台、北京人民广播电台及北京音像资料馆、北京市广播电视监测台等公益性事业单位划出，作为市广播电视局所属的事业单位。划转后，北京市委宣传部负责把握北京电视台、北京人民广播电台的舆论导向，并按照干部管理权限管理北京电视台、北京人民广播电台的领导班子。北京电视台、北京人民广播电台是首都主要的广播电视新闻媒体，要坚持党和人民喉舌的性质不变，党管媒体不变，党管干部不变，正确的舆论导向不变，事业单位的性质不变。

委会负责制(图 3-7)。

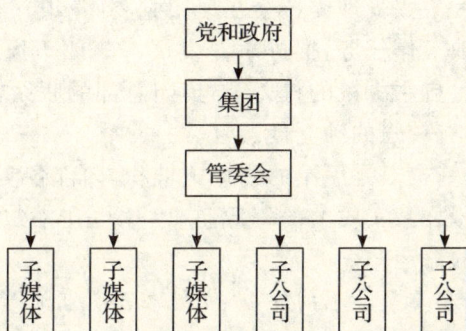

图 3-7　中广集团与北广集团的治理结构图

资料来源:作者整理。

中国广播电影电视集团于 2001 年 12 月 6 日正式在北京成立。中国广播影视集团以国家广电总局下属的中央电视台(CCTV)、中央人民广播电台(CNR)、中国国际广播电台(CRI)、中国电影集团公司(CFGC)、中广广播影视传输网络有限责任公司(CBN)为主体,从事广播、电视、电影、传输网络、互联网站、报刊出版、影视艺术、科技开发、广告经营、物业管理等业务。成立初期,中国广播影视集团拥有员工 2 万多人,固定资产 214 亿元人民币,是中国当时规模最大、实力最强的国家级综合性传媒集团①。

北京广播影视集团组建于 2001 年 5 月 28 日,为市委市政府直属的事业单位,实行企业化管理,归口市委宣传部领导,接受市广播电视局的行业管理。其管理层为党委和管理委员会,下辖北京人民广播电台、北京电视台、北京歌华文化发展集团、北京歌华有线电视网络股份有限公司、北京广播电视报社、北京音像公司、北京电视艺术中心、北京中北电视艺术中心有限公司、北京音像资料馆、北京紫禁城影业有限公司、中华世纪坛管理中心等多家传媒、文化单位②。

中国广播电影电视集团与北京广播影视集团的治理结构基本一致。集团的管理层包括:集团党委(党组),集团管委会(或董事会)。在干部配备上,设党委(党组)书记、副书记,管委会主任、副主任。

集团党委(党组)是集团的领导核心,全面领导集团工作,负责加强集团党

---

① 数据截止至 2009 年。

② 数据截止至 2009 年。

的建设,研究制定集团发展规划和发展战略,决定重要宣传业务、人事任免、资本运作等重大决策。集团管理委员会在集团党委(党组)领导下,规划、管理并组织实施集团的各项工作任务,推进事业发展。集团下属各实体(子媒体、子公司)拥有自主经营、自主决策的权力,与集团总部的联系较为松散,下属的电台、电视台与公司具有较强的独立性。

总的来说,集团基本只是简单的物理式堆积,内部各实体之间并未发生化合反应,并未完成有效的、实质上的资源整合,这也在一定程度上导致这两大集团未能逃脱解散的命运[1]。

(四)浙江模式:党委领导下的管委会、编委会分工负责制

在完成广播电视机构与浙江省广电局"政事分开、管办分离"的体制改革的基础上,2001 年年底,由浙江电视台、浙江人民广播电台及相关实体整合组建成立浙江广播电视集团。作为目前中国具有较大影响力的省级广播电视集团,浙江广播电视集团以广播电视为主业,兼营其他相关产业。

浙江广播电视集团目前共开播 19 个广播电视频道,12 个电视频道,7 个广播频道,拥有 1 个门户网站"新篮网",集团对下属频道进行"统筹管理、内部核算";集团还拥有 13 家全资企业单位,主要从事报刊、音像出版、影视生产、家庭购物、传输网络、器材营销、广电工程建设、宾馆物业等相关产业,还有 8 家集团控股和参股公司,参与开发数字电视、手机电视等业务[2],集团对这些企业实行"独立核算、自主经营"。

在集团层面,集团实行党委领导下的编委会和管委会分工具体负责宣传与经营业务的领导体制(图 3-8):党委对集团工作实行统一领导;管委会负责集团产业经营、事业发展和日常行政管理工作;编委会负责集团广播电视、互联网站、报刊出版等宣传工作。集团总部设 12 个职能部门,包括办公室(党委办公室)、总编室、人事管理部、计划财务部、科技管理部、产业发展部、广告管理中心、行政管理部、安全保卫部、直属党委(团委)、监察审计室和工会,对集团实行职能管理。

浙江广播电视集团内部近年来最大一次改革发生在 2003 年。在"两级管理、有统有分、统分结合"的原则下,集团负责履行宏观管理功能,由集团党委负责把握和控制宣传导向,与此同时,通过"二级管理"将宣传与经营责任落实至频道层面。

---

① 中国广播电影电视集团、北京广播影视集团均于 2005 年解散。

② 数据截止至 2009 年。

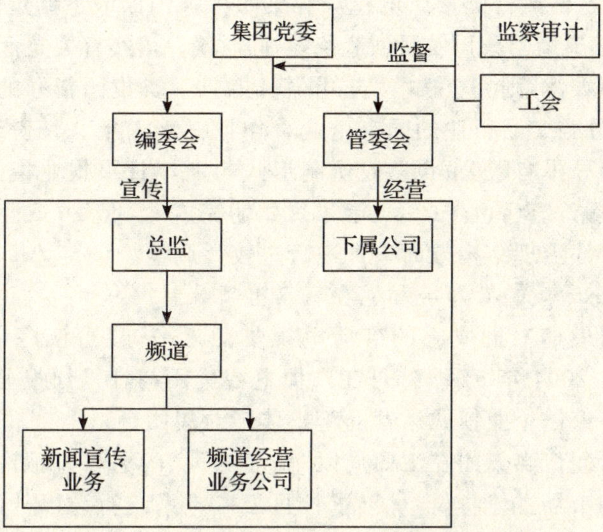

图 3-8　浙江广播电视集团内部治理结构图

资料来源:作者整理。

　　在此背景下,集团的两个广播电视主频道——浙江卫视和广播新闻综合频道实施频道制改革,实行总监负责制,专设总编辑,在内部架构上进行调整,围绕频道完善各项配套机制,对频道实行相应的宣传、经营、队伍建设等综合目标管理,根据效益进行考核、奖惩。

　　同时,集团还以推进频道经营业务公司化运为试点,探索频道宣传经营"两分开"、制作播出两分离的运作机制:首先,界定并剥离试点频道的经营业务,将广播电视频道的经营部分与宣传业务分离,组建企业性质的具有独立法人资格的频道经营公司,如电视影视文化频道经营公司、广播交通之声和旅游之声频道经营公司①,使频道宣传和经营并行而不交叉。其次,通过集团对频道经营公司的有偿授权经营,公司有偿获得频道广告及其关联业务的经营权。此外,还通过签订特别条款,包括明确试点频道的媒体性质不变,与集团现有的隶属关系不变;频道必须接受和完成集团下达的宣传任务,集团拥有试点频道的所有权、宣传管理权、节目终审权、节目播出权和宣传要害岗位用人权;频道

① 浙江广播电视集团把广播交通之声和旅游之声、电视影视文化频道的产业经营部分从事业体制中剥离出来,吸纳社会资本,分别组建股份制的交通旅游传媒有限公司和浙江影视(集团)有限公司。两个公司已分别于 2004 年 9 月底与 12 月底正式挂牌运营。

经营公司必须严格执行国家广电总局和集团根据国家政策制定的统一规范等内容，积极为频道经营公司发展创造条件，同时确保落实有关党管媒体等规定。

对于新办媒体，则完全按"两分开"新体制运作：集团新办的《交通旅游导报》的经营部分与交通行业的国有企业合作，在 2004 年 9 月份组建了集团控股的交通旅游导报有限公司；以股份制形式与浙江日报报业集团合作创办的《浙商》杂志改革试点，也于 2004 年 8 月如期完成①。但 2005 年后，浙江广播电视集团在内部治理结构方面未再进行过较大调整。

（五）牡丹江模式：董事会和党委会双重领导制

作为中国最早一批成立的广播电视集团之一，牡丹江广播电视集团于 1999 年成立。2004 年 5 月，牡丹江广播电视集团与牡丹江报业集团合并，组建了国内第一家以企业模式运营的跨媒体产业集团。

牡丹江新闻传媒集团在工商局以"企业法人"的名目登记注册，使集团获得法人实体和市场主体身份，承接了牡丹江广电系统行政以外的全部事业资产和牡丹江报业集团的所有事业资产，由牡丹江市政府代表国家把这些事业资产转变为企业资产注入集团，集团作为国有独资企业获得授权经营此部分国有资产，承担国有资产保值增值的任务。

传媒集团下设 11 个分公司或分公司性质的运营机构，集团实行董事会制度（如图 3-9）。集团最高决策机构与监督机构包括党委会、董事会和监事会，党委会负责宣传舆论导向与干部管理，党委成员由市委选派；董事会是集团的最高行政决策机构，董事均由集团职工担任；监事会则是国资委的派出机构，负责国有资产运营与财务监督，监事由国资委选派。为保证内部权利制衡，"三会"之间不得有人员交叉兼职。在执行层面，董事会下设总经理，负责依照董事会决议进行具体经营管理事务的执行；在用人机制上，实行全员聘任与人事代理制，从董事长、总经理到记者、编辑、发行员、广告业务员等各类工作人员，都由公务员或事业编制转为企业编制。

经过几年的发展，牡丹江新闻传媒集团已发展成为拥有报纸、广播、电视、杂志、音像出版、网站等多种媒体资源，涵盖广告、影视、网络、印务、出版发行、传媒教育、旅游、国际贸易等多种经营领域的综合性传媒集团。

传媒组织的特殊性决定了传媒组织的治理结构绝非简单等同于一般企业的治理结构，也就不能照搬照抄一般企业的治理机构。如何按照改革要求，构建党委领导和法人治理结构相结合的传媒组织治理模式，在保证传媒宣传舆

---

① 《浙江广播电视集团文化体制改革试点工作总结》，http://www.zrtg.com/。

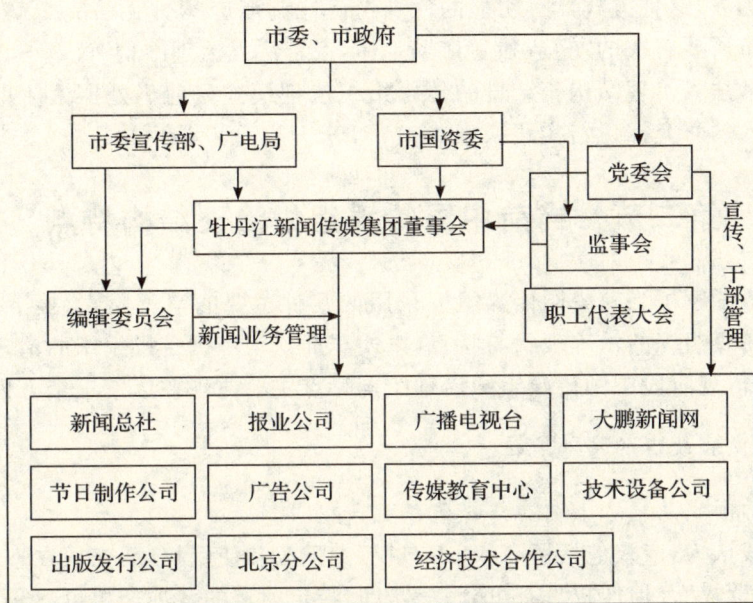

图 3-9　牡丹江新闻传媒集团治理结构图

资料来源：周劲：《传媒治理理论与模式的中国式建构》，人民出版社 2008 年版，第 252 页。

论导向正确的同时又能激发传媒组织的创新能力与活力，成为所有传媒组织眼前的现实问题。

目前，我国这些实行党委领导和法人治理结构相结合的架构方式已经在制度层面得到确认，但在运行层面仍旧存在诸多问题需要深入分析、逐一破解。特别需要注意的是，在目前的制度安排中，传媒组织往往通过人员安排来处理党委领导与法人治理结构之间的关系，如湖北日报报业集团党委书记同时兼任集团公司董事长，董事会和党委会是"一套班子、两个机构"；南方日报报业集团"虽然成立了报业集团，但领导体制仍原封不动地实行'四合一'（党务班子、行政班子、采编班子和经营班子）的体制"①。虽然这些以人员安排代替制度建设的做法可能在短期内有利于处理两者之间关系、减少矛盾和问题，

---

① 范以锦：《"分开"，分而不断"联动"，联而不乱》，《新闻战线》2005 年第 10 期。

但从长远看，这种方式具有明显的计划经济体制痕迹[1]，并无法完全解决文化体制改革所要解决的"塑造独立市场主体，完善法人治理结构"议题。因此，党委领导和法人治理结构相结合的传媒组织治理模式目前仍处探索阶段，还需要更深入的研究探讨与实践摸索。

第二节　当前中国传媒组织治理结构特点

分析了解了当前中国传媒组织采用的几种主要的治理模式，接下来了解现阶段传媒组织的治理现状与特点，以便全面认识中国传媒组织的治理结构。总体而言，现阶段中国传媒组织治理结构特点主要体现在以下三个方面。

一、党和政府的特殊地位

（一）国家从根本上拥有传媒组织的产权

一般认为，产权包括所有权、占有权、支配权和使用权，后三项在理论上统称为"经营权"。但产权具有可分解性，即"特定财产的各项产权可以分属于不同主体的性质"[2]，于是，传媒组织的所有权、占有权、支配权和使用权也可以分解，为不同的主体拥有。

从所有权角度看，基于社会主义传媒制度，传媒组织为国家所有、实行国有体制，实践中由党和政府代表国家享有传媒组织所有权。在改革开放走上市场化道路、特别是 2003 年新一轮文化体制改革启动后所启动的传媒制度改革过程中，一些传媒组织通过资本运作吸收部分业外资本，传媒组织的单一投资主体逐步转变为多元投资主体。尽管股权结构发生部分变动，在传媒组织中国有股依然保持其控股甚至绝对控股地位，国有股一股独大的现象普遍存在于传媒产业中，真正的权力仍然集中在代表国有股权的政府手中。

从经营权角度看，在自 1978 年开始不断地进行"放权让利"的过程中，传媒组织由国家掌控单一产权的格局有所改变，传媒组织获得部分的经营权和收益权，但国家仍牢牢控制着绝大部分的传媒经营权和收益权。虽然文化体制改革已推进数十年，但国有资产的授权经营并未全面普及。因此，传媒组织仍然缺乏建立完备的现代传媒组织治理结构的产权基础。

---

① 詹新惠：《中国报业集团十年发展历程和现状分析》，http://media.people.com.cn/GB/22100/213308/213310/13831745.html，2011 年 1 月 27 日。

② 黄少安：《产权经济学导论》，经济科学出版社 2004 年版，第 137 页。

（二）党和政府在传媒组织治理中具有双重身份

因为我国传媒组织的国有性质，在实际运作中由党和政府代表国家行使传媒组织的社会经济管理职能和资本所有者职能，所以党和政府在传媒组织治理中具有双重身份。

首先，政府作为社会管理者，履行社会经济管理的职能，由此成为传媒组织外部治理的重要力量：一是为传媒组织治理建立完善的市场经济制度基础，如政府通过政策引导、技术支持、资金扶持、规则制订等方式建立和完善包括传媒产品市场、传媒经理人市场和传媒资本市场等在内的市场经济制度；二是为传媒组织提供公共物品，主要通过出台相关法律法规与实施各项传媒政策来对传媒组织行为予以指导与规范，以提高其治理水平与治理绩效；三是通过政府规制，如通过人大监督、行业管理部门监督与审计监督等对传媒组织实施强制措施、直接干预与处罚等，实现对传媒组织的有效监督，以在一定程度上弥补传媒组织内部治理机制失效的问题。

其次，政府是传媒组织的资本所有者，履行资本监督管理职能。传媒组织的所有者是全体人民，通过政府代表实现。在实践中，传媒出资人权利主要是由党和政府各部门代理，宣传部、组织部、人事部、财政部、新闻出版总署、广电总局等机构都在不同程度上扮演着传媒组织所有者角色。

二、治理目标和利益相关者多元且复杂

由于中国传媒组织的特殊性，特别是党和政府在传媒组织中的独特地位与角色，中国传媒组织的利益相关者的构成也颇为复杂，既包含由党和政府派出的作为传媒组织出资者代表的社委会与党委会成员，还包括传媒组织员工、受众、广告主等直接利益相关者，涉及中宣部、新闻出版署、广电局、外宣办、工商局、财政部等众多代表国家利益的其他利益相关者或部门。

这种复杂的利益相关者构成也决定着传媒组织治理目标的多重性：既要实现党和政府赋予传媒组织的意识形态上的宣传任务，又要肩负支持改革、促进经济增长使命，还要满足广大群众对于传媒的期许与各种需要，考虑传媒组织自身的发展，比如要能运用有限的资源获取尽可能大的利润、赢得更多受众的青睐、占领更大的市场。因此，在实际运作过程中，不可避免存在着多重利益的矛盾和多重目标的冲突。

三、决策、监督、激励机制并未形成制衡

（一）传媒组织的高层管理者由党委任命

由于传媒组织极其强烈的意识形态属性，目前传媒组织的高层管理者，特别是拥有决策权力的社长、党委书记、董事长，基本上都由党委组织部、宣传部考察任命其党内职务和行政职务。

国家级媒体组织如人民日报社社长与党委书记、中央电视台台长与党委书记等由中共中央委员会任命。地方性传媒组织则由同级别的党组织任命，如湖北日报报业集团的董事长、湖北日报社社长、党委书记、总编辑由中共湖北省委任命；长江日报报业集团党委书记、社长、董事长则由中国武汉市委任命。因此，传媒组织的高层管理者选择都通过行政任命，对传媒组织领导层的任命与考察并无完善的考核指标体系，也未与具体的可操作的经营管理目标和利润目标相联系。

（二）决策权、执行权和监督权的高度集中

一方面，传媒组织中的党委会或社委会作为最高治理机构，行使传媒组织中的董事会的职权，即决策权；另一方面，作为执行机构的编委会与经委会（特别是管理传媒核心业务的编委会）往往由集团党委成员组成。这样，决策机构和执行机构不分，难以相互制衡。与此同时，不少传媒组织未设立规范的监事会，有些虽然设立监事会却形同摆设，或由于处于党委会、编委会及经委会的领导之下而难以发挥监督作用。

由此，在传媒组织治理结构中，党委会的成员也是决策部门成员，还是管理、执行部门成员，这些机构间近乎一致的成员构成使得传媒组织除了接受来自党委和政府有关部门的监督外，内部未形成制衡机制，基本是高度集权的治理机制。

（三）激励机制主要依赖传统的"官本位"体制

对中国传媒组织而言，首先，不同的传媒组织都有相应的行政级别，比如南方日报报业集团是正厅级，其子报《南方周末》则相应地低一阶为正处级。其次，在传媒组织内部，许多传媒组织沿袭过去的行政体制，从领导层到各部门的负责人都享受一定的行政级别，有的职工也有相应的行政级别。管理层和职工的工资、奖金、住房等福利待遇基本与相应的行政级别相联系，各岗位的报酬未形成合理的差距。

总而言之，我国传媒组织治理结构的特点可归结为"强行政、弱产权"。一方面是行政上的超强控制，如干部的任命权、重大事项的决策权、资源配置的

控制权以及宣传内容的终审权[1]这传媒组织四大权利都在党政机关的手中，党和政府的行政手段呈现出极强的控制力；另一方面，传媒组织产权在实践过程中，由于政府各部门与传媒组织对其的分割，产权主体并不明晰，从而呈现出一种超弱的产权约束。

第三节 当前中国传媒组织的治理困境

当前中国传媒组织"强行政、弱产权"的治理结构对于传媒组织的影响是双重的：一方面，党和政府对传媒组织在行政上的超强控制，使得中国传媒组织的治理结构具有高度的行政依附性和集中性、层级结构明显，因此监管相对容易、政令通达。特别是传媒治理中的党管宣传、党管干部的原则，有利于党和政府对各级传媒组织的掌控，能够保证最大限度地实现传媒组织作为事业单位和宣传机构的功能，确保传媒组织作为舆论导向与政治宣传工具的正确性。另一方面，在我国传媒组织进入"转企改制"关键改革阶段之时，这种强行政干预、弱产权约束的治理状况离现代企业制度要求的"产权清晰、权责明确、政企分开、管理科学"仍有距离，传媒组织朝向现代公司治理结构的改革并未取得实质性进展。

一、内部治理尚未达成制衡

我国国有企业治理经验表明，政府作为最大股东极易导致"强行政、弱产权"的治理状况，正如上文所述，在相同国情下生存发展的传媒组织在其治理过程中也呈现出相当程度的此种特性。

尽管我国很多传媒组织都参照《公司法》与现代企业制度建立"股东大会—董事会—监事会—经营管理层"相互制衡的内部治理结构，但在"强行政，弱产权"的影响下，传媒组织的实际操作往往背离治理初衷。

（一）治理主体模糊：国有资本主体的不确定

在我国，传媒功能的立足点是"喉舌论"，认为传媒是党、政府和人民的喉舌，党代表的是最广大人民的利益，因此媒介要归国家所有[2]。对我国各报刊

---

① 李良荣：《当前我国新闻改革的三大难题和路径选择——李良荣教授在南京师大新传院的演讲之一》，http://www.aisixiang.com/data/2642.html？page＝2，2004 年 1 月 1 日。

② 胡正荣、李继东：《我国媒介规制变迁的制度困境及其意识形态根源》，《新闻大学》2005 年春季刊。

出版机构和广电机构的正式登记资料调查显示，它们是"全民所有制"的"事业单位"（20 世纪 90 年代中期以后，部分报刊出版机构有双重登记，除登记为"全民所有制"的"事业单位"外，它们同时登记为"全民所有制"的企业），无论是执政党中国共产党中央委员会的机关报《人民日报》，还是民主党派如中国国民党革命委员会中央机关报《团结报》，概莫能外。在我国，"全民所有制"与"国家所有制"基本上是同义语。①

传媒组织的这种国有体制具有共有产权特性，即表面上看来，传媒组织的所有权归国家所有，产权似乎明晰，实际上却由国家将资本所有者职能与社会经济管理职能都交由政府来代理行使，于是，国家所有制的产权主体从抽象的全体人民所有变为抽象的国家主权者所有，国家所有制变成政府所有制，党和政府成为享有投票权、监督权、重大决策权以及经营者选择权的"最大股东"。

虽然政府是传媒组织实质意义上的最大股东，但在实际操作中，由于其国有产权主体的模糊性，及被多政府部门分割，使得所有者主体被肢解，国有资本主体由多家政府机构来担任，具体地由中央各部委、国有资产管理部门、地方政府各职能部门等构成，"几十年来，中国传媒业实行的是多头管理、行业所属、部门所有、条块分割的四级办报台体制。从国家级讲，党的中央宣传部门负责宣传内容和舆论导向，新闻出版署负责报刊和音像图书的出版管理，广电总局负责广播电影电视事业的管理，教育部负责教育电视管理，外宣办（国务院新闻办）负责对外宣传和互联网宣传管理，文化部负责文化艺术娱乐业管理，信息产业部、国家工商行政管理局等负责相关产业的行政管理"②，可见，并无统一的机构代表国家和政府行使国有资本的所有权，造成国有资本主体的不确定性和随意性。

（二）治理机制不健全：政企不分与内外部人控制并存

"政企政事不分""内外部人控制"，可以用于概括当前中国传媒组织内部治理机制中存在的主要问题。

1. 政企、政事难以真正分离

在这种出资者所有权属于国家并由各级政府代为行使的情况下，政府的监管职能与传媒组织的资产管理职能并未分开，政府仍然行使资本所有权职

① 宋建武：《媒介经济学——原理及其在中国的实践》，中国人民大学出版社 2006 年版，第 153 页。

② 孙正一、农秋蓓、柳婷婷：《我国新闻媒体资本运营情况初探》，《新闻记者》2001 年第 3，4 期。

能。即便进行文化体制改革,部分传媒集团的国有资产主体由国资委承担,但国资委也仅为行政部门的附属物,难以充当国有资产主体的角色。于是,传媒组织的产权责任落空。这就注定了行政干预在传媒组织治理中的可能性存在,政企分开的目标难以真正实现。

传媒组织与一般企业的显著区别就是它具有的意识形态属性,这迫使政府紧抓对其政治上的管制。虽然我国传媒体制经历了企业化、集团化、资本化等若干变迁,但意识形态并未放松,因为传媒组织兼具“政治人”与“经济人”双重特性,政府一方面希望其发挥“经济人”的作用,实现国有资产的保值增值;但又想利用其作为“意识形态组织”的属性,完成政治与意识形态上的宣传任务。从这一方面说,“政企不分”是政府在传媒组织治理中的理性选择。

这种政企合一的双重身份却成为传媒组织继续发展的“瓶颈”,社会经济管理职能和资本所有者职能的混淆,既不利于政府管理部门对传媒产业的监管,也不利于传媒组织参与市场竞争。

一方面,政府充当传媒组织国有资产主体的角色,阻碍传媒组织成为独立法人实体。传媒改革30年的实践表明,由于政府对传媒组织的管理采用的方式和手段多为行政性的、直接的管理办法,而非市场化的,如对传媒组织内部的重要决策和传媒集团的分立合并等的政府直接干预,使得历经多次的放权让利的传媒组织仍然无法真正成为独立企业法人实体和市场竞争主体。

另一方面,政企合一的双重身份在让传媒组织承担本应由政府承担的职责的同时,也令政府陷入对传媒组织要承担无限责任的境地。由于政府既作为传媒组织的资本所有者代表,又要承担社会经济管理职能,因此,政府有可能为完成政府行为目标与实施政府政策计划,以所有者、经营者、监督者的多重身份对传媒组织实行政策左右与行政控制,将本来应由政府行使的职能强加于传媒组织身上,让传媒组织分担政府的负担。对于传媒组织而言,因为传媒组织承担了一部分本应由政府承担的职能,并且传媒组织的重大决策和发展规划的实施都必须通过政府的认可与审批,经营不善的后果也可以让政府来“买单”。

政企不分引发的直接后果即是,国有资产所有者并未到位,政府管理职能也并未得到有效履行,传媒组织的自主权不能得到有效保障,责、权、利关系混乱,部分传媒组织活力不强、效益不高、积极性得不到充分调动。

2. “内部人”与“外部人”控制问题难以杜绝

早于1994年8月举行的“中国经济体制下一步的改革国际研讨会”上,青木昌彦就提出转轨经济中的“内部人控制”(insiders control)这一概念,用以分析转轨国家公司治理问题。所谓的"内部人控制"即指之前计划经济时代的国有企业中的管理者或工人在市场经济转轨与国有企业公司化过程中获得相当大一部分控制权的现象。在青木昌彦看来，内部人控制从计划经济制度的遗产中演化而来，是市场经济转轨固有的潜在可能现象。那些在计划经济时代掌控着很大控制权的管理者或工人们，利用计划经济与市场经济对接过程中的可操作空间，强化自己的权力。当然，在不同的经济环境中，内部人控制的潜在可能转化为现实的过程是大相径庭的。于是，他又将内部人控制进一步定义为："在私有化的场合，多数或大量的股权为内部人持有，在企业仍未国有的场合，在企业的重大战略决策中，内部人的利益得到有力的强调"[①]。

而在我国传媒改革推进中政治上不断紧收，经济上不断放权所形成的"强行政、弱产权"的局面下，内部人合法地获得剩余索取权和控制权，产生"内部人控制"问题。一方面，政府作为传媒组织的最大股东，其主要治理目标必然是行政目标或政治目标，而非企业目标。于是，政府在牢牢掌控意识形态的情况下，对完成政治目标之外的经济收入并不过分管制，将部分经营权下放到各传媒组织。另一方面，由于其国有产权主体的模糊性和零散性而导致的缺乏明确统一代表，以及监事会独立性欠缺所带来的监督机制匮乏，使得在传媒组织的实践运作中，管理层掌握实际的控制权，从而形成内部人控制现象。

在我国传媒组织尚未建立健全的治理结构的情况下，特别是权、责、利的制衡机制并未有效运作的情况下，极容易产生内部人控制问题这一消极后果，内部人可能会利用其拥有的一些权力谋取个人利益而损害国家和民众的利益，权力寻租、公权滥用、在职消费、贪污腐败等都是其表现形式。

在考察中国传媒组织治理困境的过程中，内部人控制问题更易获得关注。但不能忽视的是，在我国"强行政、弱产权"的治理环境之中，传媒组织的内部人控制问题发生往往与外部人控制问题紧密相关。

所谓外部人控制，指"外部人利用直接或间接的权力影响企业领导人做出不一定符合经营原则的决策。或者说，在产权非人格化情况下，行使委托人权力的人以放弃对代理人的制度控制权，换取以非制度控制权控制代理人的行为"。在这里，外部人被定义为"对企业领导及经营决策有控制权的行使行政职权的人。外部人通过控制企业领导人来实现对企业的控制，这实际上是我

---

① （日）青木昌彦、钱颖一：《转轨经济中的公司治理结构：内部人控制和银行的作用》，中国经济出版社 1995 年版，第 22 页。

国国有企业政企不分的刚性要求,迫使企业负责人将权力向外转移"①。

政府在传媒组织治理结构中代表国家实行社会经济管理者职能和传媒资本所有者职能,因而对传媒组织治理结构起着决定性作用。政府及政府官员对传媒组织的控制主要通过对其领导层的任命或是掌握重大事项的决策权实现,这样就迫使传媒组织的领导层将传媒组织的决策权向政府转移。从传媒组织的角度看,决策权向政府的转移即是决策权的向外转移,而传媒组织的决策权向外转移的后果之一便是形成传媒组织治理中的外部人控制。

在治理传媒组织的过程中,政府治理行为体现于通过政府部门的发布行政指令,以及政府部门把握着传媒组织的干部的行政化任免、传媒组织重大事务决策的审批等传媒组织的重大决策权。这些治理行为往往由政府官员作为代表实行,这些政府官员在代表国家和政府利益实行治理行为时,也不可避免地存在个人利益偏好。对这些政府官员的任命、考核、激励机制并未与传媒组织的绩效相挂钩,而多出于政治上的考量。因此,对部分官员而言,只要完成政治任务即可"高枕无忧",于是代表政府行使管理权也成为他们谋求个人私利的途径。

这样,传媒组织的剩余索取权和剩余控制权就被部分分解为政府官员的外部人控制和传媒组织的内部人控制,并由于当前传媒组织治理结构的不健全更易出现内部人和外部人控制问题。

在政府作为传媒组织的"最大股东"所导致的行政上"超强控制"与产权上"超弱控制"的治理局面下,"政企不分"与"内外部人控制"难以避免。

(三)治理目标存在偏差:公共利益目标"缺席"

众所周知,我国传媒制度颇为独特,即"一元体制,二元运作",一元体制即是媒介为国家所有制,二元运作就是既要完成现行政治结构要求完成的意识形态宣传任务,又要通过经济收入支撑媒介的经济再生产,简言之,用市场上赚取的经济收入完成意识形态领域需要完成的政治任务②。这也是我国传媒组织所特有的宪政框架。

在这种对传媒组织的既定认识与规定之下,治理目标也集中于政治利益与经济利益。尽管本质上,媒介是传播信息的工具,是为公共利益服务的。但在我国传媒制度环境中,传媒组织只需要完成政治宣传任务以及设法获取经

---

① 禹来:《国有企业的外部人控制问题》,《管理世界》2002年第2期。

② 胡正荣:《后WTO时代我国媒介产业重组及其资本化结果》,《新闻大学》2003年秋季刊。

济收益以维持其自身的扩大再生产，而本应为新闻报道着力追求的公共利益却沦为附属目标。

此外，从实体层面看，我国的公共媒体也处于残缺状态，"一直以来，我国媒介规制在观念上都存在着一个误区：国有或政府拥有的媒介就是为公共利益服务的公共媒介，但实际上至今我国并没有真正的公共媒介"①。

因此，在我国这种公共利益实质上处于缺位状态的媒介体系之中，公共利益与政治利益、经济利益的关系极为微妙。一方面，政治力量与经济力量在一定程度上需要凭借公共利益来实现自身欲求的达成。如代表政治力量的政府作为公共利益的保障性角色，必然要或多或少地满足民众对公共利益的追求，再如在经济收入主要依赖广告的现行传媒赢利模式下，传媒组织为了获取利润也不得不考虑公众的意见。但是，由于公共利益缺乏媒介实体基础及制度保障，一旦公共利益与政治利益或经济利益发生冲突，最先牺牲的将是公共利益。于是，公共利益只能在政治利益与经济利益的夹缝中生存，游走于传媒利益体系的边缘地带。

随着传媒组织资本化程度的日益加深，"从长期看，资本力量裹挟着政治力量形成的双寡头垄断将会对媒介的公共利益角色产生难以估计的影响，特别是在政治力量日益缺乏全新的意识形态控制力和吸引力的情况下，资本以及受其支配的价值体系将会日益侵蚀本来就已经非常脆弱的公共利益和价值体系"②。

公共利益治理目标的边缘化映射到治理主体构成上，即是公共利益代表者的缺位，其力量难以与政治力量与经济力量抗衡。

二、外部治理难以产生作用

目前，传媒外部治理集中体现在市场机制和行政机制对传媒组织的治理上。市场治理机制包括产品市场（如广告市场、发行市场）、资本市场和劳动市场（人才市场或经理人市场）对传媒组织的有效治理，它们为传媒组织提供各种市场信息，通过市场机制的资源配置功能对传媒组织进行制约，对传媒组织治理绩效予以评价。行政治理则是政府机构通过行政手段对传媒组织实施的

① 胡正荣、李继东：《我国媒介规制变迁的制度困境及其意识形态根源》，《新闻大学》2005年春季刊。
② 胡正荣：《后WTO时代我国媒介产业重组及其资本化结果》，《新闻大学》2003年秋季刊。

治理。

　　虽然在治理中引入外部治理机制在一定程度上有助于解决内部治理机制难以克服的难题。不过,从传媒组织的实际情况看,传媒组织的外部治理机制较之内部治理机制似乎更难发挥作用。

　　(一)传媒市场不健全

　　我国的传媒市场是行政性垄断市场,这种垄断首先表现为行政性,传媒市场依靠行政力量按"条""块"方式形成市场垄断,在"条"上表现为行业垄断、归口管理;在"块"上表现为地区垄断、属地管理,造成传媒组织经营管理中的行政壁垒和市场壁垒。刘洁曾对中国这种条块分割的传媒产业布局做出具体且形象的描述,将其归纳为由"四纵""四横"组成的产业"井"字布局①。

　　所谓"四纵",就是依照媒介形态形成的管理格局。一般而言,媒介四种形态包括报纸、广播、电视、网络,另外还有比较特殊的通讯社系列。在我国,四种主要新闻媒体分属不同的管理机构管理:报纸由国家新闻出版署管理;广播电视属国家广播电影电视总局管理;网络管理机构则稍显复杂,自1997年,国务院新闻办公室成为网络新闻宣传归口管理机构,并于2000年4月成立国务院新闻办网络新闻管理局以负责统筹协调全国互联网络新闻宣传工作,此后,各省、自治区、直辖市新闻办也陆续设立相应机构,形成对网络新闻的自上而下管理体制②,与此同时,网络技术与硬件等则归属信息产业部管理;此外,新华社作为国家通讯社,直属国务院管理。

　　所谓"四横",就是依照行政级别形成的管理格局。我国的新闻媒体被划分为中央级、省(直辖市、自治区)级、地市级和县市级,媒体不仅贴上行政级别的标签,而且是实实在在地隶属于不同级别的机构管理。"四纵"和"四横"交叉,形成典型的"井"字形结构,把传媒产业人为地割裂开来。虽然,对管理主体来说,方便管理,但给媒体联动增添了很难逾越的障碍,难以形成全国统一市场,也为新闻媒体地方垄断提供了体制资源。③ 由此带来传媒资本市场和产品市场的区域分割状态,即传媒资本的跨区域和跨媒体运作相对艰难,传媒产品也大都集中于本省或本市的区域范围之内。

　　另一方面,市场治理机制要求信息必须是真实及时,但在传媒市场中,"信息不对称"却是普遍现象。不少传媒组织,甚至是传媒上市公司,都把信息披

---

① 刘洁:《中国媒介产业布局与产业区域联合》,《现代传播》2006年第3期。
② 闵大洪:《2000年中国网络新闻传播领域回眸》,《中华新闻报》2001年1月22日。
③ 刘洁:《中国媒介产业布局与产业区域联合》,《现代传播》2006年第3期。

露看成负担，往往不主动披露有关信息，而是能够少披露就尽量少披露，"如报纸的发行量就是一个买方（读者和广告客户）难以确切了解的信息。迄今为止，还没有一个具有较强公信力的调查机构来发布各种报纸真实发行量的信息。因此，信息不对称就必然会使供求双方的行为发生各种变异"①。

从经理人市场看，中国传媒组织的职业经理人应该是既懂传媒组织的特质，又精通企业治理专业知识，还能适应体制机制创新要求的高素质的经营管理型的人才。"符合这种要求的，无论是社长、总编辑，还是总经理，都属职业经理人。总编辑主要是负责采编业务，他要用现代化理念管人，要经营采编（策划），还要考虑报纸的市场走向，要与发行、广告经营者协调联动，所以，也应被称为职业经理人。"②但是，目前中国传媒组织的核心领导，几乎完全由行政权力任命，党和政府通过其主管部门任命各种传媒组织的台长、社长或者总编辑，对传媒组织领导层的任命考核都不与具体的经营管理目标挂钩，经理人市场的资源配置作用基本腾空。

（二）对政府极强的依附性

在经济学界，政府管制与市场机制被认为是市场经济条件下可以相互替代的调节经济活动的两种方式，一般通过政府管制来纠正因公共性、外部性与垄断等引发的市场失灵问题。因此，在中国当前的传媒治理现状之下，政府治理和市场治理的作用都不可小觑，市场这只"看不见的手"和政府这只"看得见的手"需要双管齐下。

中国传媒组织治理结构也在长期变化中，一方面，由于强制性变迁占据主导地位，于是党和政府必然地在传媒组织治理结构中占据压倒性的优势地位，使得传媒组织重大决策权如终审权、领导层的任命权还在当地党委或行政领导手中。另一方面，中国传媒组织往往是宣传部或广电局的直属单位，在受到党和政府各方面的管制的同时，也享受作为党委与政府的附属机构的诸多便利，比如获得垄断性的市场、享有税收上的各种优惠政策，凭靠党委与政府直属单位的身份在与其他组织谈判时掌握更多的主动权等，这也使得传媒组织的发展严重依赖于党和政府。

（三）相关法律法规未成系统

中国对于传媒组织治理结构的相关规定，只在党和政府提出的指导性的

---

① 常永新：《传媒管制与传媒集团公司治理模式的构建》，《南开管理评论》2003 年第1 期。

② 范以锦：《让市场催生传媒职业经理人》，《传媒》2008 年第 6 期。

意见中涉及，并无明确的法律法规。《公司法》和《上市公司治理准则》中对于治理结构的相关要求对传媒组织的约束力相对较弱。

　　正如喻国明教授将传媒产业的经济本质视为"影响力经济"，而传媒影响力本质上就是它作为资讯传播渠道而对其受众的社会认知、社会判断、社会决策及相关的社会行为所打上的属于自己的那种"渠道烙印"。这种"渠道烙印"大致可以分为两个基本方面：一是传媒的物质技术属性（如广播、电视、报纸、杂志作为不同类型的传播渠道在传播资讯时所打上的各自的物质技术烙印，并由此产生的对于人们认知、社会判断和社会行为的影响）；一是传媒的社会能动属性（如传媒通过其对于资讯的选择、处理、解读及整合分析等等在传播资讯时所打上的各自的社会能动性的烙印，并由此产生的对于人们认知、社会判断和社会行为的影响）[1]。由此，传媒组织的经营管理实际上与其采编体制、人才队伍和企业文化是否能不断创新和高人一筹密切相关。但是，传媒组织往往只是将纸张、印刷、广告等经营性资产剥离进入公司运作（只有极少数传媒组织完成整体转制），核心的采编部分却被排除在传媒公司之外。那么，传媒组织的核心业务也就无法按照公司治理相关规定对其做出要求。

　　也就是说，对传媒组织治理结构而言，一方面是法律法规制约的缺位，缺乏针对传媒组织治理的法律法规；另一方面是则是法律法规限定的缺陷，难以对传媒组织的全部业务产生规范作用。

---

　　[1]　喻国明：《关于传媒影响力的诠释——对传媒产业本质的一种探讨》，《国际新闻界》2003 年第 2 期。

第三章　传媒治理导入利益相关者理论的可行性分析

一般而言，企业治理理论被认为存在两大主流取向："股东至上"与"利益相关者"。不少学者，如弗里德曼（Freeman）、布莱尔（Blair）、梯若尔（Tirole）、杨瑞龙等都认同，当下正发生着由"股东至上"理论向"利益相关者"理论的转向，利益相关者共同治理代表着企业治理的发展趋势。

但是，我国传媒组织治理结构实质上一直沿袭"股东至上"的治理逻辑，由此引发前文讨论的各种治理困境。于是，在传媒组织治理结构的制度安排中导入利益相关者理论与利益相关者参与治理机制是必要的，对于我国的传媒组织而言，也有现实可行性。

第一节　理论转向：从"股东至上"到"利益相关者"

企业治理是许多国家与企业共同关注的具有战略意义的重大问题。对企业而言，建立良好的企业治理结构是促进企业发展、提升企业绩效的重要手段；对国家与社会而言，企业治理结构所推动的企业发展也与国家经济发展密切相关。但由于社会、政治、经济和文化等方面的差异以及历史发展道路的不同，不同的国家和地区，甚至不同行业的企业在治理结构的制度安排方面有不同特点，遵循着不同的理念与逻辑。

从企业治理的内涵与利益取向上看，现有的理论研究可粗略分为两大流派："股东至上论"与"利益相关者论"，与之相对应，企业治理模式也可归纳为"股东至上治理模式"和"利益相关者治理模式"两大模式。

一、企业治理理论的两种主流取向

企业治理结构的内涵纷繁复杂，不同学者对于企业治理结构不同的阐释与理解，反映了他们在研究企业治理结构问题时不同的思考路径，根据治理目标模式可大致梳理为两大主要理论流派:"股东至上"理论和"利益相关者"理论(表 4-1)。[①]

表 4-1　股东至上理论与利益相关者理论比较分析

	股东至上理论	利益相关者理论
两权分布方式	剩余索取权和剩余控制权集中对称分布于物质资本所有者。	剩余索取权和剩余控制权非均衡地分散对称分布于企业的物质资本和人力资本所有者之中。
企业的目标	追求企业的所有者(或股东)利润最大化。	为所有的利益相关者和社会有效地创造财富。
企业的本质	企业是契约的联结体,物质资本所有者通过权威来行使对经理人员和员工的契约关系。	企业是其利益相关者相互关系的联结,它通过协商来执行各种显性契约和隐性契约。
公司治理模式	"股东至上"的公司治理模式是最优的,在全球化背景下各种公司治理模式将最终趋同于英美模式。	"关注利益相关者的日德模式"必将成为 21 世纪全球公司治理的标准范式。

资料来源:陈宏辉:《企业的利益相关者理论与实证研究》,浙江大学博士论文,第 57 页。

　　总体而言,股东至上理论源自于新古典主义经济学指引下的企业实践,利益相关者理论则在对股东至上理论的质疑与批评中发展起来。

　　二、传统的股东至上理论

　　(一)股东至上理论的内涵及理论基础
　　股东至上理论也被称为股东中心理论,该理论遵循"资本雇佣劳动"的逻辑,认为为企业投入资金的股东是企业的唯一所有者,于是企业的治理目标就是保护股东利益和实现股东利润最大化,无论是企业的收益权还是控制权的分配,都应维护股东利益,由此,企业的剩余控制权与索取权的所有者应归属股东。在此种逻辑下,股东就必然享有单方面的监督权和控制权,在股东至上理论指导下建立起来的公司治理模式又被称为单边治理模式。

[①]　Shleifer & Vishy. (1996). *A survey of corporate governance*. NBER Working Paper 5554，April.

对于这种治理理论的理论基础，杨瑞龙曾做出如下深入分析，他的论述代表了大多数学者的观点："在上个世纪（20世纪，作者注）的70年代以前，新古典经济学仅仅局限于从技术方面来理解企业，他们常常把企业看成资本所有者的企业，企业的宗旨就是实现所有者利益的最大化。这种在新古典经济学基础上发展起来的主流企业理论证明了资本雇佣劳动是最有效率的企业治理结构。他们认为，企业是由不同生产要素所有者缔结的合约集合，由于信息的不完全性，合约是不完备的，为了防范由此发生的偷懒行为，合理配置剩余索取权与控制权是重要的。因为物质资本所有者投入到企业里的资产具有专用性和可抵押性，即企业一旦倒闭，该资产可能会严重贬值，从而他是企业风险的承担者，所以出资人拥有剩余索取权与控制权是有效率的。此逻辑在自然人企业中就表现为资本家既当监工又获利润，在法人企业中就表现为拥有剩余索取权的股东通过对经理人员的激励和约束，使企业为股东利益最大化服务。"[①]

由此，股东至上理论建立在不完全契约理论和物质资本所有者拥有企业所有权的理论基础之上，这些理论均涵盖于新古典经济学范畴之内。

（二）股东至上理论的缺陷

"股东至上"理论与工业经济时代股东所能提供的物质资本具有相对稀缺性与专用性的情况有关，因此，物质资本所有者在企业权利博弈中居于主导地位，物质资本的所有者也就是股东必然地享有企业的所有权，成为唯一的治理主体。

但是，当时代与社会背景发生重大转变，进入知识经济时代以及市民社会逐步崛起后，股东至上理论越来越难以贴合时代的需求。尽管股东至上理论目前仍是英美国家的主流企业理论，但在近些年的理论研究和企业实践中也显露出其理论上的不足和实践中的缺陷。

1. 治理目标的狭隘性

从股东至上理论出发，企业仅将目光聚焦于股东利益，将追求股东财富最大化作为企业唯一的经营目标，会造成企业对员工、债权人、顾客、社会的责任的忽视，一些企业管理者甚至牺牲诚信，为追求个人利益最大化和企业短暂的经济收入而不择手段，置企业的可持续发展于不顾。

但在现代社会中，企业与社会的关系日益紧密，其社会化的生产与交易对

---

① 杨瑞龙：《由"股东至上"到"共同治理"——利益相关者合作下的公司治理模式》，《光明日报》2002年2月19日。

国家和社会经济活动影响力越来越强,社会都认为企业应该是肩负"社会性责任"的组织,企业的存在并非只是单纯地为股东创造利润和提供回报,还应该承担起更广泛的社会责任。于是,企业的治理目标应该是最大化整个企业经济效益与社会效益创造的潜能,而不仅仅是最大化股东的经济收益。

2. 治理主体的单一性

股东至上理论遵从"资本雇佣劳动"逻辑,认为股东利益至高无上,因为股东为企业投入物质资本,因此股东成为企业的所有者,既承担企业的经营风险,也享有企业的剩余索取权与控制权;与此同时,股东至上理论而将劳动者置于被动与从属的地位,人力资本只能依附于物质资本。

但是,现代企业是有限责任公司,股东承担的责任只以其投入的物质资本为限,并不承担企业的全部风险。实际上,除股东之外,企业的债权人、经理人、员工、合作者等利益相关者都在承担企业风险,可股东至上理论却并不关注这些利益相关者应有的权利。

3. 内部治理机制的失效

首先,当企业发展到一定规模时,股东数量众多且股权非常分散。对于众多分散的中小股东而言,由于监督成本远大于监督收益,他们无能也无意参与企业治理,只能通过买卖股票这种"用脚投票"的方式来影响大股东与经营者,实现对企业的间接控制。在这种情况下,大股东利用手中的权力侵犯中小股东利益就成了常见的现象。所以,"股东至上"的企业治理结构就变异为"大股东控制"的企业治理结构。

其次,股东至上治理模式容易导致经营者的"道德风险"。股东至上理论下的企业治理结构制度安排的出发点是,设计一个可以对经营者行为进行监督与激励的最优机制,促使其为实现股东财富最大化而努力工作。但是,经营者往往有着不同于企业所有者的个人利益目标,并且他们还掌握着企业的实际控制权。于是,在信息不对称的情况下,经营者能很便利地利用控制权为自己谋利而无视股东利益,甚至给股东的利益造成损失。债权人、员工等其他利益相关者由于没有参与决策与监督的权利,对经营者行为缺乏监督的能力与动力,这也为经营者谋取自身利益最大化创造了有利条件。

最后,股东至上治理模式也容易使经营者产生短期行为。由于股东至上模式下的企业激励机制往往将经营者的报酬与企业当前的经济收益相挂钩,因此,经营者往往迫于当下经济利益目标的实现和自身业绩的达成而过分追逐短期目标,忽视企业长期经营目标。

4. 外部治理机制的缺失

由于股东至上理论强调股东的"单边治理"，所以，在此种理论指引下的企业治理的重心倾向于促进内部治理机制的发挥，而忽视以资本市场、产品市场、经理人市场为主要内容的外部治理机制的治理效力，外部治理基本处于空虚状态，企业治理效果也相应减弱。

三、新兴的利益相关者理论

20 世纪 60 年代开始的社会转型向股东至上理论提出巨大挑战，股东至上理论难以解释和解决社会转型中的企业面临的许多新问题，于是在对股东至上理论的批判与修正中，利益相关者理论逐步发展起来。

总的说来，利益相关者理论主张在多元社会中寻求一种普遍的利益均衡，其在治理主体与治理目标方面的基本观点可表述为：一是股东不是企业的唯一所有者，企业利益相关者都可以成为企业的所有者。因此，企业治理的主体不仅包括股东，还包括其他利益相关者。利益相关者指对企业及其过去、现在或将来的活动享有或者主张所有权、权利或者利益的自然人和社会团体，一般包括股东、债权人、政府、雇员[1]。二是企业应该是具有"社会性责任"的组织，企业的存在并不单纯为股东创造最大化的利润，而是基于公共利益并服务于更为广阔的社会目的，企业的理想治理目标应该是最大化整个企业财富创造的潜能，而不应仅仅为股东创造最大化的财富[2]。

（一）利益相关者理论产生的背景

"利益相关者"概念最初出现在 1929 年美国经济"大萧条"之后。20 世纪 30 年代初，伯利（Berle）与多德（Dodd）在《哈佛法学评论》上就公司目标问题展开辩论，涉及公司为谁拥有、公司目标等问题。多德认为"公司作为经济结构，既有营利功能，也有社会服务功能"，即除股东外，公司也要维护其他利益相关者利益并应承担社会责任。[3] 尽管如此，在这场关于公司治理问题的争论中，伯利所持有的股东利益至上观点仍然占据上风，更为遗憾的是，关于利益相关者的论述在 20 世纪 60 年代以前并没有引起足够重视，利益相关者理

① Clarkson, M. (1995). *A stakeholder framework for analyzing and evaluating corporate social performance*, Academy of Management Review, January：106~107.

② ［美］玛格丽特·M.布莱尔著，张荣刚译：《所有权与控制——面向 21 世纪公司治理探索》，中国社会科学出版社 1995 年版，第 201 页。

③ 王文钦：《公司治理结构之研究》，中国人民大学出版社 2005 年版，第 98~102 页。

论也并未成为主流观点。

　　直至 20 世纪六七十年代，在社会转型的背景下，由于特殊利益群体、贸易关系、外国竞争者、不同意见的持股人等企业利益相关者的复杂化，以及员工权利、环境污染、政府管制这类治理问题逐渐大量出现，使得企业不再能只是单纯地从股东利益出发，而更多地将利益相关者利益纳入考虑范围。

　　1. 人力资本地位的提高

　　在工业社会，企业对物质资本高度依赖而物质资本相对短缺，因此，物质资本是最重要的一类企业资源，就这一层面而言，在当时的情况下，企业属于物质资本所有者是合理的。但当工业社会过渡到知识社会，知识、技术、管理能力等人力资本在企业价值创造过程中的作用逐渐凸显出来，物质资本的价值和重要性相对减弱。于是，物质资本所有者的地位开始削弱，拥有人力资本的其他利益相关者的地位则相对增强，各方实力的此消彼长迫使原有治理模式进行改革。

　　20 世纪 60 年代以后，实行出资者、经营者和生产者共同分享企业所有权制度在西方国家兴起并得到快速发展。分享制度兴起初始，是物质资本的出资者为了便于管理和经营企业、缓和资本与劳动力之间的矛盾以获取更大利益而采取的产权激励方式。后来，这种物质资本所有者和人力资本所有者共同分享企业所有权逐渐演变为现代企业所有权理论下的制度安排。①

　　2. 其他利益相关者对企业的介入程度加深

　　在社会转型与市场发展的过程中，股东之外的企业利益相关者对企业的介入程度日益加深，形成参与企业治理的要求。

　　其一是债权人。在传统"股东至上"的治理观念下，债权人被认为通过事前签订的债务契约获取固定的利息收益，由于他们不承担企业的经营风险，也被认为不能获得企业剩余收益，因此，债权人不被视为企业的治理主体。但随着资本市场的发展，各种基金公司、信托投资公司等机构投资者的崛起，金融产品不断创新，期权激励以及虚拟公司股权的兴起，债权和股权之间的界线日趋模糊，导致了企业治理主体的悄然变化：企业的债权人已不再是单纯的债权人，他们参与企业治理的意识和要求逐渐加强。

　　其二是上下游企业。在经济全球化发展的同时，企业生产的分工范围不断扩大、企业专业化程度也日益加深，对于处于全球产业链中的单个企业而

---

　　①　李伟:《基于资本治理理论的企业所有权安排——股东至上理论与利益相关者理论的逻辑统一》,《中国工业经济》2005 年第 8 期。

言,其与上下游企业之间的关系更为密切。由此,与上下游企业良好的合作关系,不仅有利于企业提高产品质量、降低生产成本,甚至直接关系企业的生存与发展。于是,它们之间紧密合作、形成长期契约关系甚至结成利益共同体,渗入彼此的治理活动之中。

其三是顾客。20世纪60年代中期,消费者保护运动的兴起不仅推动立法机构、政府组织、民间团体对消费者保护的重视,也引发企业界对消费者权益的日益关注。一些企业也纷纷付诸行动,将消费者诉求作为企业经营活动的重点考虑因素,消费者也成为企业的重要利益相关者被纳入企业经营决策过程中。

3. 企业伦理日益受到重视

企业伦理问题于20世纪六七十年代开始成为管理学研究的热点,之后逐步获得政府和社会公众的广泛关注。

一般认为,企业伦理问题主要体现在两个方面:一是为了追求自身利益的最大化,不惜损害其他利益相关者的利益,如向顾客出售以次充好、以假乱真的商品或服务,或利用自己的信息优势进行财务欺诈,违反经营活动应遵守的伦理道德;二是企业的生产经营活动在创造物质财富与满足社会需求的同时,也给人类生存环境带来破坏性影响,如对资源的乱开发与浪费行为将给整个人类社会带来资源枯竭与生态恶化的恶果。企业的这些不道德行为不可避免地会损害许多利益相关者的利益,也迫使这些利益相关者积极地通过参与企业治理来维护他们的利益。

4. 社会本位思潮的影响

现代市场经济环境中,企业属性也呈现出越来越明显的经济性与社会性的双重性。[1] 企业的自然属性是以营利为目的的经济人,其经济人自然属性的"扩张性的或自我主张的本能使他只顾自己的意愿和要求,不惜牺牲别人来设法满足这些欲望和要求并克服一切对这些欲望和要求的阻力"[2],企业的社会属性要求企业作为社会的组成部分要更多地考虑利益相关者的利益。

虽然传统的公司法优先考虑股东的利益、单纯强调企业的经济性,与个人本位相一致,但现代社会是市民社会,社会本位成为最高指导原则,在私权利

---

① 郭富青:《从股东绝对主义到相对主义——公司治理的困境及出路》,《法律科学》2003年第4期。

② [美]庞德著,沈宗灵、董世忠译:《法律的任务》,商务印书馆1984年版,第81页。

与公权力的矛盾统一、相互磨合中求得秩序、公平与发展。[①] 这就要求在企业治理中，不仅要考虑股东利益，还要考虑众多利益相关者的利益。所以，利益相关者积极参与企业治理是与社会本位相契合的。

以上情况的出现，导致原有的在"股东至上"理论基础上建立起来的企业治理结构受到极大的挑战。无论是出于其他利益相关者主观要求，还是出于企业发展的客观需要，其他利益相关者都有参与企业治理的必要。

（二）利益相关者理论的理论支撑

利益相关者理论是在对主流企业治理理论即"股东至上"理论的质疑与修正中产生的，所以它的理论基础也是在对"股东至上"理论的理论基础——契约理论和产权理论的发展与修正中得到夯实的。因此，从理论渊源上看，利益相关者理论的形成过程与企业的契约理论和产权理论的发展脉络具有一致性。

1. 契约理论

与股东至上理论把企业看作"人力资本所有者与物质资本所有者之间签订的一组不完备长期契约"的观点不同，利益相关者理论从"企业是一组契约"这一基本论断出发，将企业的经济本质看作"所有相关利益之间的一系列多边契约"，这一组契约的主体必然包括管理者、雇员、所有者、供应商、客户及社区等多方参与者。[②] 因为每一个契约参与者实际上都向企业提供了个人的资源，所以从契约理论的公正和公平的本质出发，契约各方都应有平等参与谈判的权利，以确保所有利益相关者的利益都能得到维护。

特别是根据社会契约理论，企业是参与缔结社会契约的一方。"企业有义务在企业与社会这一广泛的社会契约中得到详细的解释……它被定义为企业与其他的集团之间自愿同意并相互受益的一系列安排。这些集团，比如雇员和股东也参与到一些与企业之间的特殊合同中，按这个理论，履行与各种利益集团的合同义务是企业的责任"[③]。

国内学者杨瑞龙和周业安也认为，作为一种契约制度的治理结构应能通

---

① 王旭伟：《社会本位：公权力与私权利的交汇——浅谈中国民法本位》，《沈阳师范学院学报》(社会科学版)1999 年第 4 期。

② Freeman, R. E. (1994). *The polities of stakeholder theory: Some future directions*. Business Ethics Quarterly, 4.

③ Dunfee, W. T. & Donaldson, T. (1995). *Contractarian business ethics: Current status and next steps*. Business Ethics Quarterly, 5(2):173~186.

过一定的治理手段,合理配置剩余索取权和控制权,以形成企业治理时科学的自我约束机制和相互制衡机制,从而协调利益相关者之间的权利关系并促使他们长期合作,以保证企业的决策效率。与股东至上理论在本质上不同的是,利益相关者理论认为企业的目标是为利益相关者服务,而不仅是追求股东利益的最大化。

2. 产权理论

股东至上理论认为,因为股东投入了物质资产并承担风险,由此公司是属于股东的实物资产的集合体。强调利益相关者的学者对此种观点提出质疑,认为股东至上理论对于产权的理解过于狭隘,股东并不是企业唯一的所有者。布莱尔(Blair)指出:"企业并非简单的实物资产的集合,而是一种法律框架,其作用在于治理所有在企业的财富创造活动中做出特殊投资的主体间的关系"①。他认为并非仅由股东承担着企业的风险,债权人、雇员、上下游企业都可能共同承担着企业的风险。因为在企业中,股东投入专用性物质资产,而其他利益相关者在企业投入关系专用性资产(relationship-specific asset),这部分资产的特点为其价值依赖于公司的价值,这部分资产一旦变换用途,其价值就会降低。因此,投入企业的这部分资产也处于风险状态。为激励关系专用性资产进入公司,需要给予利益相关者一定的剩余收益②。因此,在讨论企业治理时,就不能仅仅从物质资本所有者的利益出发,其他利益相关者也承担剩余风险并应分享剩余收益,企业治理应通过一定的治理制度安排来分配给利益相关者一定的企业控制权,即利益相关者通过参与企业治理维护自己利益。

(三)利益相关者理论的研究历程

回顾自1963年利益相关者概念的提出至今几十年来利益相关者理论的发展过程,有学者按照对利益相关者概念的不同理解及研究侧重点的不同,将利益相关者理论的研究分为三个阶段,即利益相关者的企业依存观点、战略管理观点和动态演化观点(表4-2)③。

---

① 〔美〕玛格丽特·M.布莱尔:《所有权与控制:面向21世纪的公司治理探索》,中国社会科学出版社1999年版,第182页。

② 〔美〕玛格丽特·M.布莱尔:《所有权与控制:面向21世纪的公司治理探索》,中国社会科学出版社1999年版,第269~271页。

③ 王辉:《从"企业依存"到"动态演化"——个利益相关者理论文献的回顾与评述》,《经济管理》2003年第2期。

表 4-2　利益相关者理论研究的三个阶段

观点阶段	时期	观点内容	涉及主要问题	代表人物
企业依存观点	1963—1984	利益相关者是企业生存的必要条件,是互相依存的关系	利益相关者是谁?为何考虑利益相关者的利益	SRI,Rhenman,Ansoff,Pfeffer,Salancik等
战略管理观点	1984—1995	强调利益相关者在分析、规划和实施中的作用	为何考虑利益相关者的利益及如何实现这一目的	Freeman,Bowie,Goodpaster,Alkhafaji等
动态演变观点	1995 至今	企业和利益相关者的利害关系是不断变化的,应该动态看待利益相关者	为何考虑利益相关者的利益,如何实现对企业绩效的影响	Mitchell,Agle,Wood;Donaldson,Preston;Jones,Wicks,Clarkson 等

　　资料来源:王辉:《从"企业依存"到"动态演化"——一个利益相关者理论文献的回顾与评述》,《经济管理》2003 年第 2 期。

　　总之,在近半个世纪的研究探索之中,经过大量努力,利益相关者理论的研究形成较为系统的理论框架,开启了管理学一个新的研究领域,也拓宽了公司治理结构的研究视野(表 4-3)。

表 4-3　国内外关于利益相关者理论研究的主要内容

研究议题	具体研究内容
经济学、管理学等基础	从扬弃主流企业理论、探讨企业的伦理道德等方面入手展开研究。
利益相关者管理的原则	讨论企业在开展利益相关者管理时,所应具有的原则性要求。这是利益相关者理论的规范性基础,也是利益相关者理论研究的出发点。 加拿大多伦多大学的"克拉克森企业伦理研究中心"(CCBE)制定出了利益相关者管理的 7 条原则,并引起了学术界和企业界的广泛共鸣(Szwajkowski,2000)。
企业利益相关者的界定和分类方法	讨论谁是企业的利益相关者,这些利益相关者分别具有怎样的属性。 Freeman(1984)、Charkham(1992)、Clarkson(1994,1995)、Wheeler(1998)、Mitchell&Wood(1997)、Kraut(2001)等学者均在这一领域做出贡献,但尚无统一结论。

续表

研究议题	具体研究内容
不同类型的利益相关者的管理策略	西方许多学者从利益相关者理论的实际操作层面上已经开始涉猎这一问题。 例如利益相关者管理策略中的 RDAP 法，即分别采用对抗性（reactive）、防御性（defensive），妥协性（accommodative）和前摄性（proactive）的方法来处理企业所面对的不同类型的利益相关者（Carroll，1979；Clarkson，1988，1991，1995；Gatewood & Carroll，1981；Wartick & Cochran，1985；Jawahar & McLaughlin，2001）。
利用工具性研究方法，提出利益相关者管理的命题和假设	工具性研究方法是联结规范性分析和实证研究的纽带。有学者专门在规范性分析的基础上提出各种工具性假设，从而引导、寻求另外的研究者来开展实证研究，以证实或证伪这些假设。 例如假设"对员工进行严格监控或监视的企业比那些不这样做的企业绩效更差"，假设"与供应商拥有长期关系的企业比那些与供应商关系相对短暂的企业绩效更高"，假设"关心社区发展的企业比那些不这样做的企业绩效更高"（Jones，1995）等。
利益相关者理论在企业管理实践中应用的实证研究	在实际调查的基础上，分析企业利益相关者的利益要求究竟有哪些，这些利益要求的实现情况如何以及对企业绩效产生了哪些影响，等等。 这种研究注重企业运作的微观层面，可以得出切实可行的结论，但研究过程繁杂。总体而言，这一领域的研究还不多见。
探求基于利益相关者理论的公司治理模式	探索适用的公司治理模式是利益相关者理论的最终归宿。 许多学者研究基于利益相关者理论的公司治理模式的适应条件、协调方式、治理程序、运行机制和监控手段。

资料来源：陈宏辉：《企业的利益相关者理论与实证研究》，浙江大学 2003 年博士论文，第 60～64 页。

尽管利益相关者理论的研究成果丰硕，但涉及议题也非常庞杂，既有学者注重从微观层面讨论企业内部制度安排与机制设计，也有学者将研究重心放置于更为宏观层面的国家政策甚至世界企业治理原则研究，而且，利益相关者理论中的一些基本概念仍处于讨论中，尚未形成定论，这些因素都造成利益相关者理论研究至今仍是较为松散的研究领域，并未形成完整的理论体系与研究框架。

（四）利益相关者理论的相关实践

一直以来，美国和英国的企业普遍采用股东至上的治理模式，也是股东至上理论的典型实践代表。直至 20 世纪 80 年代末，英美兴起放松管制以及恶意收购浪潮，在恶意收购的过程中，虽然被收购企业的股东获取很大收益，但这种短期获利行为却损害了企业的长期发展前景和企业利益相关者的利益。于是，人们对"股东至上论"的治理效用产生怀疑。

在这种背景下，美国 29 个州相继修改公司法，认为经理不仅仅承担为股东谋利的责任，他们应对更广泛意义上的利益相关者负责，这为经理们拒绝"恶意收购"提供了法律依据①。直至 20 世纪 90 年代，在知识经济大行其道的背景下，随着经理人员和广大职工在企业中的地位日益提高，经理人员持股计划和职工持股计划在很多企业中被广泛推行。虽然这些改变并非从本质上颠覆"股东至上"逻辑，也并未真正解决企业的治理问题，但这些措施都在一定程度上对秉承股东至上理念的治理模式进行了修正与纠偏。

与此同时，以德国和日本为代表的一些西方国家在经济秩序重建的过程中形成与英美系完全不同的企业治理结构模式——利益相关者治理模式，并取得了一定的成功。在德国，按照《就业法》的规定，被聘用者能直接参与企业的管理，而且企业解聘工人须与工会进行商谈而并非单纯取决于工人的工作能力。在日本，终身聘用制的应用比德国更为深入与广泛。同时，由于两国的法律对外部投资者的保护力度薄弱、资本市场不够发达，难以对企业经营者进行有力监控，于是，银行和法人机构更为积极地参与企业的内部治理，形成机构主导的利益相关者参与治理模式。

近些年来，我国也日益重视并积极倡导利益相关者共同治理的价值观，通过相关法规的制定与颁布予以引导。2002 年 1 月，我国颁布的《上市公司治理准则》规定，上市公司"应尊重利益相关者的合法权利"，"应与利益相关者积极合作，共同推动公司持续、健康地发展"，"在保持公司持续发展、实现股东利益的同时，应关注所在社区的福利、环境保护、公益事业等问题，重视公司的社会责任"。

在更广泛的世界层面，经济合作与发展组织（OECD）于 1999 年通过《OEDC 公司治理原则》（以下简称《原则》），并于 2004 年加以修改，《原则》充

① 唐更华、王学力：《美国企业控制权配置新格局及其启示》，《广东工业大学学报》（社会科学版）2003 年第 2 期。

分考虑了公司的利益相关者在公司治理中的作用，体现"共同治理"的基本思想，代表成员国建立良好的公司治理的基本思路。《原则》共分六部分：(1)公司治理框架应当促进透明和有效的市场，符合依法原则，并明确划分各类监督(supervisory)、监管(regulatory)和执行(enforcement)部门的责任；(2)应该保护和促进股东权利的行使；(3)应当确保所有股东(包括少数股东和外国股东)受到平等对待。当其权利受到侵害时，所有股东应能获得有效赔偿；(4)应承认利益相关者的各项经法律或共同协议而确立的权利，鼓励公司与利益相关者之间在创造财富和工作岗位以及促进企业财务的持续稳健性等方面展开积极合作；(5)应确保及时准确地披露公司所有重要事务的信息，包括财务状况、绩效、所有权和公司的治理；(6)应确保董事会对公司的战略指导和对管理层的有效监督，确保董事会对公司和股东的受托责任(accountability)①。该原则的重要特征是，强调了平等对待所有股东和利益相关者，强调了信息的透明度和及时性，强调了董事会的责任。

总的说来，利益相关者理论经历了近半个世纪的发展，无论是在理论基础、研究框架，还是在实践运作方面都取得诸多进展与成就。美国经济学家蒂尔(Dill)曾说过："我们原本只是认为利益相关者的观点会作为外因影响公司的战略决策和管理过程，但现实的变化已经表明，企业管理正从利益相关者影响(stakeholder influence)迈向利益相关者参与(stakeholder participation)"②。这也充分地证明了利益相关者理论也正在积极地从理论层面的探讨转入实践探索阶段。

当然，利益相关者理论还远非一个完善的理论，其研究领域中仍存在许多尚未解决的问题。一方面，迄今为止，利益相关者理论研究偏重于规范分析，实证研究成果明显不足。另一方面，利益相关者的界定、分类、重要程度的衡量指标、对企业绩效影响的评价，众多利益相关者之间利益关系的协调等基本问题也有待进一步的探讨与完善。

虽然目前股东至上理论仍在理论界和企业界占据主流地位，利益相关者理论在理论和实践的探索过程中也遇到不少问题，但利益相关者共同治理代表企业治理的发展趋势，在实践中将不断得到完善。

---

① 经济合作与发展组织著，张政军译：《OECD 公司治理原则(2004)》，中国财政经济出版社 2005 年版，第 29～92 页。

② 王身余：《从"影响"、"参与"到"共同治理"》，《湘潭大学学报》(哲学社会科学版) 2008 年第 6 期。

第二节　传媒组织治理结构导入利益相关者理论的可行性分析

由于不同国家和地区的历史背景、社会环境与政治经济制度不同,各个国家和地区的企业治理理念与模式不尽相同。虽然传媒组织的特殊属性使得其治理结构与一般企业的治理结构并不完全相同,但仍会受到该国企业治理模式的影响,如美国的私有传媒组织如新闻集团、时代华纳等都采用"股东至上"治理模式,日本等国的公营传媒机构如日本广播协会NHK等则多采用"利益相关者"的治理模式。

我国传媒组织的治理结构所呈现出的治理逻辑和我国独特的传媒制度以及传媒变迁历程息息相关,在我国传媒组织治理结构中党和政府拥有特殊的地位与权力,它们既是传媒组织的管理者,也是其所有者,享有对传媒组织的最终控制权,且令传媒组织治理结构呈现出强烈的政府意志,这实质上即是"股东至上"治理逻辑的鲜明体现。

一、"股东至上"逻辑下的中国传媒组织治理结构

反思我国传媒三十年来的改革发展之路,不难发现,我国传媒组织治理结构实质上一直沿袭"股东至上"的治理逻辑,党和政府在传媒组织治理结构中扮演"最大股东"的角色。一方面,我国的传媒改革都强调国有产权主导地位这一前提,通过一定的企业组织形式使得传媒组织的管理层拥有一定程度的经营决策权,促使传媒组织走上市场化道路。无论是1978年提出的"企业化管理",还是1996年开始的集团化,都不背离以上原则。即便是2003年提出将传媒业分为公益性事业和经营性产业,仍然将新闻宣传等核心资源留给国有媒体。另一方面,我国传媒组织治理结构的变迁自始至终都在政府的"行政之手"的推动下进行。

在这样一种改革思路下,我国传媒业渐进式改革过程就表现为政府对传媒组织的放权让利以及放权之后对传媒组织管理层的监控过程,从而形成"政府行政干预——经营者内部控制"型的治理结构。这样一种治理结构有以下几个特征:"第一,通过企业主管部门与经营者之间的一对一的谈判确定企业所有权分配,经营者可支配的决策权由政府直接授予;第二,经营者一旦从政府那里获得正式授权,便可独立行使决策权。政府作为所有者主要通过职位的晋升、精神鼓励及经营者的收入与企业的经济效益挂钩来激励经营者追求

和实现国有资产保值和增值的目标；第三，尽管处于调动职工积极性的考虑，经营者也会通过职代会和工会赋予职工某些权利，使职工的收入反映劳动生产率的变化，但经营者作为企业的法人代表，在企业所有权的分配中仍处于支配地位；第四，由企业主管部门充当经营者的监督者，以保护国有产权；第五，政府监控企业经营者的主要手段使参与或干预企业的重要决策和保持任免经营者的权力。"①在这种治理结构中，党和政府成为享有投票权、监督权、重大决策权及经营者选择权的"最大股东"，典型的"股东至上主义"逻辑支配着我国传媒业的改革进程。

二、利益相关者理论对传媒治理困境的修正作用

我国传媒组织的现存治理困境，如政企政事不分、内外部人控制，均与其长期以来沿承"股东至上"的治理逻辑有着莫大关联。在这种带有强烈行政色彩并奉行"股东至上"的治理结构中引入利益相关者理论，对其摆脱治理困境有积极的作用。

（一）有利于监督制衡机制的实现

我国传媒组织现有的治理困局与坚持"股东至上"治理理念有关，政府作为传媒组织的"最大股东"，就难免造成"强行政、弱产权"的局面，表现为所有者缺位与监督者缺位，从而衍发出政企不分、政企难分和内外部人控制。因此，物色一个实在确定的国有资本所有者并非唯一出路，关键在于找寻合适的监督者。

于是，在进行传媒组织的治理制度安排时，将利益相关者作为传媒组织治理主体的重要组成部分，发挥其监督作用，让多方利益相关者在博弈中达成相互制衡的状态，可以解决"股东至上"逻辑无力解决的难题。

如把职工等利益相关者引入治理结构，一方面，充分发挥他们作为传媒组织重要人力资源的监督潜能，他们所具有的优势信息能提高决策的准确性，这样他们就有监督的能力；另一方面，又因为他们在传媒组织中投入的大量专用性人力资产，他们的个人利益与传媒组织的整体利益休戚与共，于是他们也具备监督的动力。因此，他们满足了作为监督者所"必备的两个条件：一是动力

---

① 杨瑞龙、周业安编：《企业共同治理的经济学分析》，经济科学出版社 2001 年版，第277 页。

监督;二是有能力监督。"①

所以,在我国资本所有者代表"虚置"的情况下,强调利益相关者治理可以弥补所有者监督的空白,形成多边监督制衡机制。

(二)有利于多重治理目标的实现

传媒组织的双重属性使得其治理目标呈现出与其他企业不同的特点。传媒组织的经济属性,要求其按"经济人"原则行事,更好实现国有资产增值保值的任务;其政治属性,要求其不能按利润最大化行事,而应该以社会利益、公共利益为重。因此,传媒组织治理目标的特殊性正是在于传媒组织不仅仅只存在经济利益目标,它还肩负着多种目标,特别是超经济的政治目标、社会目标。

目前,我国传媒组织正在经历着以资本化为根本特征的重新制度化过程,传媒组织的经济属性日益张大,在这种情势之下,我们更应认识到,传媒业除了作为产业存在之外,还有更为广阔的文化及政治意义,传媒组织在公众的社会生活之中扮演着重要且必要的角色。

默多克(Murdock)曾经指出,"传播系统成为公民职责和权利核心组成部分的三种途径:第一,为了让每个公民充分行使自身的权利,他们必须接触到各种信息、建议和分析以帮助他们了解个人所拥有的权利,从而使得他们在行使自身权力的时候更加有效。第二,他们必须最广泛地获取关于公众政治选择方面的信息、解释和辩论的内容,并且他们应当会运用这些传播渠道去发表自己的批评和提出其他备选的方案。第三,在大众传媒进行传播活动的主要途径和渠道中,他们必须在最大程度上被代表和体现,从而受到广泛的认可,并且拥有权力将这种代表和体现不断丰富和拓展。"②由此出发,将利益相关者引入至传媒组织的治理结构之中,无疑就是从制度层面保证了公众的这种权力,从而进一步地保证了传媒组织多重治理目标的实现。

(三)有利于获得利益相关者的支持

传媒产业的发展越来越依赖于政府的支持、职工的人力投入、受众的满意度、上下游产业的合作,所以传媒组织必须关注利益相关者的利益。

首先,传媒组织步入产业化道路之后,就必然要按照市场经济的经营方式

---

① 中国人民大学经济研究报告课题组:《国有企业治理结构创新的基本构思是用"利益相关者合作"逻辑替代"股东至上"逻辑》,《经济理论与经济管理》1991 年第 6 期。

② Murdock, G.. (1992). *Citizens, Consumers, and Public Culture*. In Skovmand, M. & Schroder, C. K. (eds.). Media Cultures: Reappraising Transnational Media, London/New York: Routledge, pp. 17～41.

和经营原则——"自主经营，自负盈亏"进行经营运作。众所周知，传媒经济学中著名的"二次销售"模式，即先把传媒产品如报纸、电视节目销售给受众，实现第一次销售（发行或收视），再把这些通过第一次销售吸引到的读者或受众销售给广告商，实现第二次销售（广告）。传媒组织第一次销售所能吸引的受众数量和质量是第二次销售的基础和前提，传媒组织吸引的受众数量愈多、质量越高（如对广告产品具备很强的购买能力和很高的购买意愿），对广告商的有效性越大，就越能吸引广告的投放，传媒组织的广告收入就越高。可以说，发行量（收视率）与广告收入之间存在明显的正相关关系，广告收入又是传媒组织主要的收入来源。因此，受众的态度和行为对于传媒组织具有极其重要的意义。

其次，尽管传媒组织的资源配置有极强的行政性，但传媒组织对于其发展所需部分资源的获取，如报纸对于新闻纸、印刷设备的采购，电台电视台对录音摄像设备的购买，以及传媒组织对于职工的招聘，大都通过市场解决。传媒组织良好的形象和口碑可以使其在资源的获取中赢得更多的便利，如在新闻纸紧缺时能优先购买，或者在人才招聘时能招募到更高素质的员工。

再者，传媒组织与政府之间的关系也非常紧密，政府一方面作为传媒组织的主管单位，另一方面也是传媒组织的重要出资者，因此，传媒组织对政府也尤为依赖。对于传媒组织而言，对政府在传媒组织治理结构中身份与功能的明确界定也有利于建立现代企业治理结构。

将利益相关者纳入传媒组织治理结构中，可以更好地调整传媒组织的决策，使其更符合利益相关者的利益需求，取得利益相关者对传媒组织的广泛支持。

三、利益相关者参与传媒组织治理的可行性分析

将利益相关者引入传媒组织治理结构，并非一厢情愿的设想，当前中国传媒组织的治理现状已然具备利益相关者参与治理的可行性。

（一）前期的相关实践

我国传媒组织也已经积累了一些利益相关者参与治理的实践经验。一种利益相关者参与治理的途径是，专家或民众通过对传媒产品尤其是新闻报道进行监督的方式来使传媒运作保持在健康良好的状态。最为多见的是，很多传媒组织都聘请知名新闻传播学的专家、学者作为本机构的新闻阅评人，以发表新闻阅评的方式监督报纸运作。此外，不少媒体还主动邀请民众对新闻舆论进行监督。2004年年初，江西省委宣传部、省记协决定在全省范围内公开

聘请 100 名新闻工作社会监督员，颁发聘书，两年一聘，对优秀社会监督员给予奖励。监督员的主要职责是：对省内各类新闻媒体和新闻工作者实行全方位监督，包括新闻媒体的舆论导向是否正确、报道内容是否真实、广告经营和报刊发行是否规范、新闻工作者职业精神和职业道德的优劣表现等①。

另一种则体现在传媒组织治理结构的制度安排中，工会和职工代表大会，甚至独立董事，都进入传媒组织的治理结构。职工代表大会作为企事业单位实行民主管理的基本形式，是职工行使民主管理权力的机构，除审议公司长远发展规划、生产经营计划等以外，还要讨论通过集体合同草案，评议监督企业领导干部，推行事务公开，维护职工合法权益等。职工代表大会的日常工作机构是企业工会，作为最具中国特色的职工民主管理制度，职工代表大会自从上世纪 50 年代问世以来，在保障职工依法参与企业管理、维护职工的合法权益、调动职工的工作积极性、促进国有企事业单位深化改革、建立现代企业制度方面，都发挥了积极作用。对于传媒组织而言，工会和职工代表大会也发挥着治理作用。

此外，在我国一些传媒组织尤其是已上市的传媒组织中已经建立独立董事制度，期望通过由独立董事来代表广大中小股东的利益，争取让独立董事提供专业化分析与建议，保证董事会决策的科学性。不论其效果作用是否明显，至少表明这些传媒组织开始注重利益相关者的治理作用。

（二）相关法律、规范的指引

因为社会环境、文化传统、法律制度等方面的不同，企业治理在各个国家具有自己的特色，虽然没有统一的模式，但仍有一些共同的核心内容，这体现在两个重要文件之中。

其一是经济合作与发展组织（OECD）部长级会议于 1999 年出台的《OECD 公司治理原则》，该《原则》是国际工人的公司治理的指导性方针，自其诞生始，就尤为关注与强调利益相关者问题。该《原则》认为，公司竞争力的形成和成功是众多不同资源提供者联合贡献的结果，这些利益相关者包括债权人、投资者、员工和供应商。"公司治理框架应承认利益相关者的各项经法律或共同协议而确立的权利，并鼓励公司与利益相关者之间在创造财富和工作岗位以及促进企业财务的持续稳健性等方面展开积极合作"，"公司治理框架应认可，通过承认利益相关者的利益及其对公司长期成功的贡献，是有利于公司的利益的"。

---

① 刘上峰：《监督媒体切勿"客气"》，《中国新闻出版报》2004 年 4 月 5 日。

其二是 2004 年经济合作与发展组织对公司治理结构指引的修改意见。依据 2004 年审议修订的新的《OECD 公司治理原则》，利益相关者在公司治理中应享受如下权利：

A. 经法律或共同协议而确立的利益相关者的各项权利应该得到尊重。

B. 在利益相关者的利益受法律保护的情况下，当其权利受到侵害时，应能够获得有效赔偿。

C. 应允许开发那些有利于业绩提升的员工参与机制。

D. 在利益相关者参一与公司治理过程的情况下，他们应该有权及时地获得相关的、充分的、可靠的信息。

E. 利益相关者（包括个人员工及其代表团体）应能向董事会自由地表达对于非法或不道德行为的关注，他们的各项权利不应由于他们的此种表达而受到影响。

F. 公司治理框架应以有作用、有效率的破产制度框架和有效的债权人权利执行机制作为补充。

对于中国而言，对于利益相关者参与公司治理的趋势，时任央行行长周小川也指出，"中国也要参照国际经验，同时发展有中国特色的社会主义制度"①。

在相关法律方面，我国《宪法》第 16 条规定，国有企业应通过职工代表大会和其他形式来实行民主管理，职工可以"依照法律规定选举和罢免管理人员，决定经营管理的重大问题"。十六大以来，我国也开始进一步通过立法形式强调企业的利益相关者的利益与企业应承担社会责任。2002 年 1 月，中国证监会与原国家经贸委联合颁布《上市公司治理准则》，其中规定，"上市公司应尊重银行及其他债权人、职工、消费者、供应商、社区等利益相关者的合法权利"，"上市公司在保持公司持续发展、实现股东利益最大化的同时，应关注所在社区的福利、环境保护、公益事业等问题，重视公司的社会责任"。2006 年 1 月施行的新《公司法》第五条也明确规定："公司从事经营活动，必须遵守法律、

---

① 周小川：《2006 中国经济高峰会，公司治理改革是股份制改革的核心》，http://finance.sina.com.cn/money/bank/bank_yhfg/20060523/12032589688.shtml，2006 年 5 月 23 日。

行政法规，遵守社会公德、商业道德、诚实守信，接受政府和社会公众的监督，承担社会责任。"第十八条规定："公司依照宪法和有关法律的规定，通过职工代表大会或者其他形式，实行民主管理。公司研究决定改制以及经营方面的重大问题、制定重要的规章制度时，应当听取公司工会的意见，并通过职工代表大会或者其他形式听取职工的意见和建议。"

这些法律法规有一个共同的重点内容，重视利益相关者在企业治理中的作用，这对于实行"企业化管理"，特别是正处于"事转企""企改股"转企改制过程中的中国传媒组织治理结构的构建有极强的指导性。

（三）条件日趋成熟

早在文化体制改革拉开帷幕之前，就已经有传媒组织尝试剥离建企、剥离上市。如自 1996 年，上海东方明珠股份有限公司在上海证券交易所上市后，歌华有线、中视传媒、广电网络、电广传媒、东方明珠、博瑞传播、赛迪传媒、华闻传媒、新华传媒等采用各种方式纷纷上市，基本方式是将经营性资产剥离成立公司，再通过各种方式达成上市。

文化体制改革开启后，中共十六大把文化单位分成两类：一类是公益性事业，即为公共事业服务、隶属于国家的一些事业性质的部门，今后继续以事业体制进行管理；一类是经营性产业，今后要按现代企业制度进行体制创新。[①]在这一政策的指引下，更多的传媒组织加入"转企改制"中，将经营性资产分离出来成立新的经营公司。

我国已成立的 39 家报业集团。在这些报业集团组建成立的时候，只有哈尔滨报业集团在工商管理机关注册成立"集团有限公司"，通过这种变通的方式获得"企业法人"身份。直至 2003 年文化体制改革正式启动后，许多传媒组织开始积极探索整体转企改制与剥离转制的各种路径。2004 年 8 月 13 日，沈阳日报报业集团的"集团有限公司"成立，注册资本为 2 亿元人民币，由集团投入的净资产组成。该公司被定性为"沈阳日报报业集团投资组建的国有独资有限公司，企业法人"。公司章程中明确规定："集团以其出资额为限，对公司承担责任；公司以其全部资产，对公司的债务承担责任。"此外，浙江日报报业集团、深圳报业集团、南方报业集团[②]、大众报业集团、河南日报报业集团、新华日报报业集团、杭州日报报业集团等报业集团均成立"集团有限公司"，借此促进体制和机制创新。

---

① 朱学东、景延安：《叩问传媒资本市场》，《传媒》2004 年第 9 期。
② 2005 年，南方报业集团更名为南方报业传媒集团。

　　传媒经营性公司组建成立后，必然要按照公司法的相关规定建构内部治理结构，这就使得在治理结构中导入利益相关者进行治理具备较为成熟的条件。

　　因此，在我国传媒改革进入产权制度与治理结构调整与创新的攻坚阶段，考虑到我国传媒改革与发展的特殊性，在传媒组织治理结构的构建中导入利益相关者理论就成为达成传媒改革目标的现实选择与可行途径。

第四章 传媒组织治理结构
创新的基本思路

就我国国情与传媒实践而言,传媒组织治理结构既不能完全沿袭之前的"股东至上"治理模式,但也不能照搬照抄"利益相关者"治理模式。应正视股东至上模式引发的治理困境,重视利益相关者模式,把握两大模式的特点、优点以及弱点,从理论创新角度构建中国传媒组织治理结构。

与此同时,构建适合中国传媒组织的治理结构,更要透彻理解我国传媒组织生存发展的环境,中国的传媒组织发展不可能脱离当代中国的社会现实。因此,要在对当前的政治、经济、文化体制进行现实观照的前提下讨论传媒组织治理结构的改革或创新。

第一节 传媒组织治理结构的制度环境分析

新闻学者李良荣说,"大众传媒是社会的一个子系统,它的生存、变化、发展依赖于、受制于社会的总系统。一个国家的国情——它特殊的政治、经济、文化、社会体制——构成了大众传媒的具体的社会生态环境,它决定着传媒制度、传媒能够达到的发展水平以及操作理念、运作模式。社会生态环境的改变迫使包括大众传媒在内的社会各子系统进行或快或慢、或大或小的调整、变革以适应新的社会生态环境","大众传媒变革的原动力来自于外部即社会生态环境的变动","社会生态环境决定着新闻改革的方向和强度,决定着新闻改革的成败"①。

传媒组织的治理结构在特定的政治经济文化条件下不断演化来,设计传媒组织治理结构的时候,必然要考察传媒组织赖以生存的制度的各层面,使构建的传媒组织治理结构符合并推动我国传媒组织发展,解决当前的传媒组织

① 李良荣:《李良荣自选集——新闻改革的探索》,复旦大学出版社 2004 年版,第 27 页。

治理困境。因此，当前的政治经济体制改革，特别是近几年来如火如荼进行着的文化体制改革以及文化体制改革背景下传媒产权制度的改革取向就成为本章考察的重点。

一、经济体制改革：实行市场取向改革①

1978 年之前，市场在我国基本阙如，改革开放 30 年间我国方才逐步确立并完善社会主义市场经济体制，也基本确立经济体制改革的市场取向，将其作为今后经济体制改革继续深化所必须把握的方向。

改革开放 30 年来，按照建设中国特色社会主义的总要求和社会主义市场经济改革的大方向，我国成功地实现从高度集中的计划经济体制到充满活力的社会主义市场经济体制、从封闭半封闭到全方位开放的伟大历史转折，我国的经济面貌发生历史性的嬗变。

总的说来，30 年来，我国经济体制改革公认的成果主要有以下几个方面：（1）社会主义初级阶段基本经济制度的确立，以公有制为主体多种经济成分共同发展的基本经济制度建立。（2）资源配置方式基本实现由国家计划配置为主向市场配置为主的转变。（3）适合生产力发展要求的农村经济体制基本建立。党的十六大以来，经济改革进入统筹城乡发展的新阶段。（4）作为我国经济体制改革的中心环节，30 年来国有企业管理体制和经营机制改革不断深化。大部分国有企业改为多元股东持股的公司制企业，建立现代企业制度；国有经济布局和结构调整取得重大进展；逐步建立中央政府和地方政府分别代表国家履行出资人职责，享有所有者权益，管资产和管人、管事相结合的国有资产管理体制。（5）新型宏观调控体系逐步健全。一方面，打破高度集中的传统计划管理体制，实现简政放权，发挥市场竞争机制的作用；另一方面，国家计划、财政政策和货币政策相互配合的调控机制初步形成。（6）统一开放、竞争

---

① 此部分内容参考资料如下：范恒山：《推进经济体制改革：近期重点与思路》，《政策》2006 年 7 月；范恒山：《中国经济体制改革的历史进程和基本方向》，《中国改革》2006 年第 8 期；范恒山：《三十年来中国经济体制改革的进程、经验和展望》，《经济研究参考》2008 年第 49 期；乔榛：《中国模式：中国经济体制改革的重要成果》，《学术交流》2008 年第 8 期；邱家洪：《中国经济体制改革 30 年的演进路径与未来走向》，《南方论刊》2008 年第 2 期；封学军：《中国经济改革的历程、成就与问题分析》，《集团经济研究》2006 年第 12 期；赵长茂：《中国经验及世界启示》，《人民论坛》2007 年第 13 期；郑谦：《中国改革的起点与路径选择》，《中共党史研究》2000 年第 5 期；周业安：《中国渐进式改革路径与绩效研究的批判性回顾》，《中国人大学报》2000 年第 4 期。

有序的现代市场体系初步形成,多层次、多门类的商品市场体系和多种市场流通渠道、多种经营方式并存的商品市场格局基本形成。(7)建立起以按劳分配为主体、多种分配方式并存的分配制度,劳动、资本、技术和管理等生产要素按贡献参与分配的新制度正在形成。(8)中国特色的社会保障制度如社会保险体系、城乡居民低保等社会救助制度、新型农村合作医疗制度等基本形成。(9)对外开放不断扩大,全方位、宽领域、多层次的对外开放格局基本形成,对外贸易管理体制不断完善。(10)经济社会法制化程度明显提高,与社会主义市场经济相适应的法律法规体系初步建立。

尽管中国改革取得举世瞩目的成就,但改革并非一蹴而就,"国有经济战略性调整和国有企业规范的公司制改造任务还远未完成,非公有经济发展仍面临着许多规制性障碍;市场体系特别是要素市场发育还不完备,维护诚实守信和公平竞争的市场规则和秩序尚未完全建立;政府职能转变仍未到位,政企、政事、政资不分的状况在一些地方比较严重;宏观间接调控体系还不完善;经济调节与法制管理仍显薄弱;部分社会成员间收入差距悬殊,有效的收入分配调节机制和完善的社会保障体系还没有形成;等等"①。因此,完善社会主义市场经济体制的任务仍然繁重。

国务院经济体制改革办公室综合司司长范恒山撰文分析未来我国经济体制改革的推进方向,认为在未来特别是"十一五"时期,以转变政府职能和深化企业、财税、金融等改革为重点,加快完善社会主义市场经济体制。应着力在以下几方面加快推进经济体制改革:建设责任政府、服务政府和法治政府;完善推动科学发展的经济调节机制;构建市场主体能动与规范运作的制度基础和社会环境;形成合理的社会利益分配格局和有效的社会成员风险应对机制;打造促进社会事业发展和公共服务均等化的体制基础②。

---

① 范恒山:《三十年来中国经济体制改革的进程、经验和展望》,《经济研究参考》2008年第49期。

② 范恒山:《推进经济体制改革:近期重点与思路》,《政策》2006年7月。

二、政治体制改革：推进民主政治建设①

经济体制改革不断推进所带来的市场的发育与开放的环境改变了之前中国社会结构分化程度低，国家的经济、政治和意识形态三个中心高度重叠的状况。市场经济竞争与分化的逻辑改变了政治作为上层建筑赖以存在的社会基础。1986 年 9 月，邓小平同志在谈到关于政治体制改革问题时指出："现在随着经济体制改革开展，使我们都深深感到政治体制改革的必要性。不改革政治体制，就不能得到经济体制改革的成果，不能使经济体制改革继续前进，就会阻碍生产力的发展、阻碍四个现代化的实现。"②于是，政治体制也必然地要适应经济基础发展的需要，进行改革。

1978 年底，在对"文革"动乱进行拨乱反正的基础上，党的十一届三中全会决定把工作中心转移到社会主义现代化建设上来，同时指出："实现四个现代化，要求大幅度地提高生产力，也就必然要求多方面地改变同生产力发展不适应的生产关系和上层建筑"。由此，拉开了我国经济政治体制改革的序幕，政治体制改革也就成为党中央始终强调和关注的重大问题。

自 1980 年 8 月 18 日，在中央政治局扩大会议上，邓小平发表了题为"党和国家领导制度的改革"的讲话后，中国共产党在历次党代会上不断提出政治体制改革的目标和方向，从党政分开和政企分开，到依法治国和依法执政，再到和谐社会和科学发展观等改革思想。在这些思想的指引下，中国的政治制度建设彻底摆脱十年"文化大革命"所造成的动乱，走上健康发展的轨道。

王一程对三十年来中国政治体制改革进行总结，认为改革的成就主要体现如下："针对我国原有经济和政治体制的缺陷，并进而针对改革开放和发展市场经济条件下出现的新情况、新矛盾、新问题，包括市场机制自发作用固有弊端的负面影响，我们在坚持和完善人民代表大会制度，坚持和完善共产党领

---

① 此部分内容参考资料如下：浦兴祖：《当代中国政治制度》，上海：复旦大学出版社1999 年版；王一程：《政治体制改革是社会主义政治制度的自我完善和发展》，《马克思主义研究》2006 年第 6 期；房宁：《中国特色社会主义民主政治发展道路——中国社会主义政治改革若干思考》，《科学社会主义》2006 年第 3 期；李瑞青：《走中国特色社会主义民主政治建设之路的原因探析》，《新西部（下半月）》2008 年第 5 期；梁利珍：《我国社会主义政治文明建设理论的确立及发展》，《黑龙江史志》2006 年第 5 期；虞崇胜、王洪树《政治体制创新：当代中国政治发展的战略选择》，《长白学刊》2006 年第 5 期。

② 邓小平：《关于政治体制改革问题》（1986 年 9 月 3 日），《邓小平文选》第 3 卷，第176 页。

导的多党合作和政治协商制度,坚持和完善民族区域自治制度的前提下,在改革和完善党和国家的领导制度,改革和完善党的领导方式和执政方式,改革和完善决策机制,推进干部人事制度改革,推进行政体制改革,推进司法体制改革,发展城乡基层民主,扩大公民有序的政治参与,保证人民依法实行民主选举、民主决策、民主管理和民主监督,尊重和保障人权,加强对权力的制约监督和反腐败斗争等各个方面,都出台了一系列新的法律和政策规定,推出并实施了一系列加强制度化、规范化、程序化建设、推进体制创新的重大举措。其中,有些已经取得了令党和人民满意的成效,有些还在继续探索、经受实践的检验。"①可见,中国的政治体制改革取得实质性进展。

经过三十年来政治体制改革艰难推进,中国政治制度建设的基本思路日益明确,方向与目标也日益清晰:中国政治制度建设的发展方向是民主政治,建立一个坚持中国共产党的领导、人民当家做主和依法治国有机统一的社会主义民主政治体制。

正如前总理温家宝强调,政治体制改革要"以发展民主政治为目标"。党的十七大报告所指出的"要坚持中国特色社会主义政治发展道路,坚持党的领导、人民当家做主、依法治国有机统一,坚持和完善人民代表大会制度、中国共产党领导的多党合作和政治协商制度、民族区域自治制度以及基层群众自治制度,不断推进社会主义政治制度自我完善和发展"②,也是对中国特色社会主义政治的实质内容和基本制度的深刻而又全面的概括。

---

① 王一程:《政治体制改革是社会主义政治制度的自我完善和发展》,《马克思主义研究》2006 年第 6 期。

② 胡锦涛:《高举中国特色社会主义伟大旗帜为夺取全面建设小康社会新胜利而奋斗——在中国共产党第十七次全国代表大会上的报告》,人民出版社 2007 年版,第 28～32 页。

三、文化体制改革：分类改革步骤的推进①

在我国，由于文化事业的敏感性，"改革"一词一直忌讳莫深。在经济体制与政治体制改革不断推进之时，文化体制改革却滞后。文化与政治、经济的紧密联系使得当经济体制与政治体制变化时文化体制也不可避免地要进行改革，以适应社会政治、经济、文化的共同发展的要求。

（一）文化体制改革的实践摸索与政策酝酿

致力于文化体制方面的变革始自党的十六大，但这种变革要求的发源却可以追溯到更早的时候。

从 20 世纪 70 年代末开始，文化体制方面就开始进行许多有益探索，如简政放权，调整政府主管部门、文化单位和文化工作者的关系；调整文化布局和结构；调整所有制结构，开放文化市场：变革经营模式，鼓励多种经营；改革分配方式等。但是，一方面，这些改革并不深入，仅在现有制度框架内进行有限调整，未深入体制层面；另一方面，这些改革虽然带有局部突破的性质，但均无政策为"文化产业"与"文化体制改革"护航，尚未发生宏观制度层面的改革。

直到 1992 年党的"十四大"报告提出对文化领域工作的指导精神是"坚持两手抓，两手都要硬，把社会主义精神文明建设提高到新水平"，明确提出"积极推进文化体制改革，完善文化事业的有关经济政策，繁荣社会主义文化"②，并首次在全国代表大会的工作报告中提出"文化体制改革"的战略目标。

1997 年党的"十五大"进一步提高文化政策的地位，认为经济、政治、文化的基本目标和基本政策统一构成党在社会主义初级阶段的基本纲领。对文化工作的总的部署是建设"有中国特色社会主义的文化"，对文化体制改革的部

---

① 此部分内容参考资料如下：韩永进：《我国文化体制改革的历程与新进展》，《出版参考》2005 年第 1 期；韩东升：《2006：文化体制改革全面破冰》，《领导之友》2006 年第 3 期；胡惠林：《论文化体制改革》，《开发研究》2005 年第 4 期；马红光、史晓燕：《双轨模式：文化体制改革的现实选择》，《新长征》2006 年第 8 期；马二伟、袁静《文化体制改革对传媒业的影响》，《新闻爱好者》2007 年第 12 期；莫之许：《文化改革的中国逻辑——文化体制改革的逻辑》，《董事会》2007 年第 1 期；邱仁富：《改革开放三十年我国文化体制改革论纲》，《甘肃理论学刊》2008 年第 4 期；杨琳、傅才武：《二十年来文化体制改革进程评估》，《江汉大学学报》(人文科学版)2006 年第 2 期。

② 江泽民：《加快改革开放和现代化建设步伐，夺取中国特色社会主义事业的更大胜利——在中国共产党第十四次全国代表大会上的报告》，人民出版社 1992 年，第 37,38 页。

署是"深化文化体制改革,落实和完善文化经济政策"①。从这两次党代会的文件可以看到,在此阶段中,党对文化工作的政策认识更强调政治功能和意识形态性质,虽提及"文化体制改革"的战略部署,但并无进一步具体实施措施,文化体制改革并未成为文化政策推动的主要目标。

2000 年 10 月,十五届五中全会通过《中共中央关于制定国民经济和社会发展第十个五年计划的建议》,首次在中央级的正式文件中提出"文化产业"这一概念,要求完善文化产业政策、加强文化市场建设和管理、推动有关文化产业发展。2001 年,中共中央批转了中宣部、广电总局、新闻出版总署《关于深化新闻出版广播影视业改革的若干意见》,提出文化体制改革要以发展为主题、以结构调整为主线、以集团化建设为重点和突破口,着重在宏观管理体制、微观运行机制、政策法律体系、市场环境、开放格局五个方面积极进行探索创新,以进一步壮大实力、增强活力、提高竞争力。

由此可见,从 1992 年到十六大召开之前,文化体制改革就已经在部分领域展开先期摸索。

(二)文化体制改革的启动与展开

十六大之后,我国文化体制改革的步伐明显加快,文化体制改革的目的、意义、主要任务和实施重点日益明确。

十六大报告首次把"经济建设和经济体制改革""政治建设和政治体制改革""文化建设和文化体制改革"放在几乎同样重要的位置上予以并列提出,实际上是更重视文化体制改革。从文化体制改革的角度讲,十六大第一次将文化分成文化事业和文化产业,强调要积极发展文化事业和文化产业,明确了整个文化体制改革的方向和目标。更值得注意的是,十六大还提出要"抓紧制定文化体制改革的总体方案"。

2003 年,中共十六大提出的"继续深化文化体制改革"进入实质性操作阶段。该年 6 月 27—28 日,全国文化体制改革试点工作会议在北京召开,确定 9 个省、35 个试点单位具体承担试点任务,这标志着经过了 20 多年改革实践的摸索和长期的政策酝酿之后,我国的文化体制改革正式启动。

从 2003 年文化体制改革试点工作开始至 2005 年试点基本结束,试点工作有条不紊、循序渐进地进行着,各试点地区和单位在调整布局结构、优化资源配置的基础上,不断尝试着公益性文化事业单位内部机制改革和经营性文

---

① 江泽民:《高举邓小平理论伟大旗帜,把建设有中国特色社会主义事业全面推向二十一世纪》,《十五大以来重要文献选编上》,中央文献出版社 2011 年版,第 32 页。

化单位的转制改制工作。通过试点改革，文化体制改革的基本工作思路越来越明确，即是："一二三四"。一是坚持"一个目标"：最大限度地满足人民群众日益增长的精神文化需求。二是转动"两个轮子"：大力发展公益性文化事业；大力发展经营性文化产业。三是认清"三个关系"：社会主义市场经济规律要求和社会主义精神文明建设要求"两个要求"相统一；社会效益和经济效益"两个效益"相统一；"宏观管理和微观搞活"相统一。四是抓住四个关键：重塑文化市场主体；完善市场体系；改善宏观管理；转变政府职能。

2006 年的开局之年，文化体制改革试点在全国全面推开。2006 年 1 月，中共中央、国务院颁发《关于深化文化体制改革的若干意见》(以下简称《意见》)。这是建国以来党中央、国务院第一次就文化体制改革做出重大决策，也是对全面推进文化体制改革，加快发展文化事业和文化产业，发展和繁荣社会主义文化进行工作部署的纲领性文件。

《意见》针对改革试点中遇到的难点和问题作了具体的富有可操作性和指导性的规定：公益性文化事业单位改革的重点是增加投入、转换机制、增强活力、改善服务；经营性文化产业改革原则定位为创新体制、转换机制、面向市场、增强活力；文化领域结构调整的基本方向是资源重组，文化产业集约化、规模化；培育现代文化市场体系目标锁定在文化产品市场建设(如演出、音像、电影、文物、出版、影视剧等)，要素市场建设(如资本、产权、人才、信息、技术等)、流通体系建设，培育相关中介机构、行业组织，文化产业协会，等等；加强和改进文化领域宏观管理，加快转变政府职能，健全文化法律法规和政策体系，制定和完善扶持公益性文化事业、发展文化产业、激励文化创新等方面的政策；建立健全党委统一领导、政府大力支持、党委宣传部门协调指导、行政主管部门具体实施、有关部门密切配合的文化体制改革领导体制和工作机制。

四、制度环境对传媒组织治理结构的影响与要求

经济体制改革的市场化取向、政治体制改革中对民主政治的发展、文化体制改革的不断推进都对传媒组织治理结构产生影响并提出要求。

经济体制的改革和发展，社会主义市场经济制度的确立与完善，使得传媒组织的市场化程度日益深入和趋于成熟，从而推动传媒组织由"企业化管理"到集团化经营、资本经营，再到重塑市场主体和机制体制的转型。十一届三中全会对市场作为一种资源配置手段的承认，打破了计划手段全面控制经济的局面，商品经济重新活跃，为广告的出现奠定了良好的市场基础，于是在商品交易复兴、人们对广告需求度上升的情况下，传媒组织以恢复广告为突破口，

踏上"企业化经营"路途,并由此开始了"意识形态媒介向产业经营媒介的过渡"。运作方式的改变必然地带来治理方式的改变,"传媒治理"也逐渐成为传媒组织不断变迁与改革中的重要议题。此后,随着社会主义市场经济体制的确立与不断完善,传媒组织治理结构也经历巨大变迁,并朝着现代企业治理结构的方向转变。

政治体制改革对于民主政治的追求与强调,要求将党的领导与公民积极参与社会管理与监督相结合,以及政府管理职能由全能型政府向公共服务型政府的转变,也预示了传媒组织治理结构多元化的发展趋向。

文化体制改革的启动,更是直接指明传媒组织的发展方向。党的十六大确定了文化体制改革的方针,文化体制改革对公益性文化事业和经营性文化产业进行科学分类,采取不同方法继续进行改革,实现政企分开、管办分离、强化政府的市场监管和公共服务职能,同时充分发挥市场机制的作用来发展文化产业。这次改革将重构传媒的体制与机制,无疑也会令传媒组织治理结构产生一系列相应的变革。

新闻学者黄芝晓论述过传媒改革与经济体制改革的关系:"历史说明,我国媒体改革的每一步,实际上都是当时经济体制改革在意识形态领域的反映。"①扩充可知,历史也说明,我国传媒的每一步改革,实际上都是政治体制改革、经济体制改革、文化体制改革等社会各方面的转型在意识形态领域的反映。因此,我们在思考与寻求传媒改革,特别是传媒组织治理结构这一制度性内容的时候,对于政治体制、经济体制、文化体制的转型历程深入的认识也就显得尤为重要与必要,这些不同层面的制度改革共同影响并促成着传媒组织治理结构的演变方向。

第二节　新模式的制度前提:传媒分类改革与产权改革

影响传媒组织治理结构目标模式选择的因素有很多,经济、政治、文化、历史等各方面的因素都会对其产生或多或少的影响,尤其对于正处于改革关键期的行业和产业而言,起始条件往往制约和决定发展路径。

中国传媒改革至今都未提出明确具体的治理结构构建模式。诚然,对于正处于改革关键期的传媒组织而言,传媒组织治理模式的构建仍处于探索期和创新期。因此,在把握中国的相关制度的现状及发展趋势的基础上,探索符

---

① 黄芝晓:《媒体改革与经济体制改革》,《复旦学报》(社会科学版)2005 年第 4 期。

合传媒组织特性，融入企业治理理论的研究成果和实践经验的特殊模式，有利于当前我国传媒组织治理结构的构建。

重塑市场主体、完善治理结构是当前传媒改革的核心目标，治理结构的确立与完善又以健全的产权制度为前提。因此，只有在传媒分类改革将公益性事业与经营性企业分开后，对经营性传媒企业进行产权改造，才能构筑起有利于传媒组织治理结构形成的制度基础。

一、传媒分类改革：事业与产业分类发展

党的十六大第一次将文化分成文化事业和文化产业，强调要积极发展文化事业和文化产业。2003 年，党的十六届三中全会通过的《完善社会主义市场经济体制若干问题的决定》进一步深化和明确文化体制改革的目标。《决定》分别提出了文化事业和文化产业的改革方向和目标：公益性文化事业单位要深化劳动人事、收入分配和社会保障制度改革，加大国家投入，增强活力，改善服务；经营性文化单位要创新体制，转换机制，面向市场，壮大实力。这些中央级别的文化体制改革政策明确指出公益性文化事业和经营性文化产业的区分，使文化体制改革迈出关键的一步，使传媒的分类发展有章可循。

于是，在"坚持文化事业和文化产业协调发展，坚持区别对待、分类指导，循序渐进、逐步推开"的原则下，传媒行业作为文化产业的重要组成部分，也踏上分类改革的路途。

自 2003 年开始的文化体制改革试点工作启动以来，传媒改革在实践层面有了很大突破：一是剥离改制，在传媒集团内部，将广告、印刷、发行、电视剧等一般节目制作等经营性部分分离出来，转制为企业，接受集团领导监督。如试点阶段的浙江日报报业集团就以印务中心为试点单位，建立多元产权的现代企业制度；二是整体改制为企业。如解放日报报业集团的《上海学生英文报》、文汇新民联合报业集团《上海星期三》等报刊都改制为企业。三是直接进行股份制改造。如《中国证券报》和《电脑报》等报刊也都在股份制改造的基础上积极探索建立现代企业制度[①]。

2006 年 1 月，中共中央、国务院颁发《关于深化文化体制改革的若干意见》，标志着文化体制改革的全面推开。《意见》在总结试点经验的基础上，对"事业"与"产业"做出科学明确的划分：凡国家兴办的图书馆、博物馆、文化馆（站）、科技馆、群众艺术馆、美术馆等为群众提供公共文化服务的单位，为公益

---

① 韩永进：《我国文化体制改革的历程与新进展》，《出版参考》2005 年第 1 期。

性文化事业单位。党报、党刊、电台、电视台、通讯社、重点新闻网站和时政类报刊,少数承担政治性、公益性出版任务的出版单位,重要社会科学研究机构,体现民族特色和国家水准的艺术院团,实行事业体制,由国家重点扶持。其他艺术院团,一般出版单位和文化、艺术、生活、科普类等报刊社,以及新华书店、电影制片厂、影剧院、电视剧制作单位和文化经营中介机构,党政部门、人民团体、行业组织所属事业编制的影视制作和销售单位,逐步转制为企业。上述规定,使得文化事业、文化产业两种类型的分类改革有了明确的政策依据。

与此同时,《意见》对划分为"文化事业"与"文化产业"不同类别下的传媒组织也提出了不同的改革要求。

对于归类为公益性文化事业单位的新闻媒体要坚持正确的舆论导向,始终确保党和人民喉舌的性质。要优化组织结构,整合内部资源,转变经营方式。要深化文化事业单位的内部改革,推进人事、收入分配和社会保障制度改革,按照政事分开的原则,事业单位和行政机关不得相互混岗。

对于划分为经营性文化产业的转制企业,《意见》明确提出,要规范国有文化事业单位的转制。加快产权制度改革,推动股份制改造,实现投资主体多元化,完善法人治理结构。符合上市条件的,经批准可申请上市。转制为企业的出版社、报刊社、文化产品进出口公司等,要坚持国有独资或国有绝对控股,实行特许经营或许可证经营。

于是,对于定性为公益性文化事业的传媒组织,其改革的重点是增加国家财政经费投入力度,做好用人制度、分配制度、社会保障制度这三项人事制度改革,转换机制,增强活力,改善服务,形成富有效率的微观运行机制,培育形成一批文化事业主体。

对于转制为企业的传媒组织,特别是对具有双重主体身份(事业法人性质的集团与企业法人性质的集团公司)和兼具事业部分与企业部分的传媒集团而言,进行产权改革,构建合理的治理结构就成为其改革的关键问题。

二、传媒产权改革:构筑传媒组织多元化产权格局

产权改革是深化传媒改革无法回避的重大问题,也是构建传媒组织治理结构的关键。要在转制为企业的传媒组织中建立有效的企业治理结构,产权改革是其必要条件。只有在产权清晰和产权主体多元化的前提下,才有可能建立有效的治理结构。

产权分为两层含义:第一层是原始产权,即出资者的所有权,反映资产的最终归属关系;第二层是法人产权,法人产权由原始产权派生,实质是资产的

经营权①。因此，改革传媒组织现有产权制度和完善治理结构的关键，一是要正确处理出资人到位与企业法人独立性的关系，既要保证出资人到位，又要保持企业法人的独立性；二是要形成多元化的传媒产权格局。

首先，传媒类国有资产的出资人到位，构建行使出资人职责的机构，探索权责明确的传媒国有资产管理体制。依据现有法律法规，国有资产属于全体人民，归国家统一所有，政府代表国家统一行使国有资产所有权。因此，必须通过逐级授权，明确国有资产的管理范围，中央与地方政府分级行使出资人职责，负责所辖国有资产的管理、收益和处置等，并将政府行政部门与行使出资人职责的机构分设。由此机构（一般是国资委）授权具备条件的传媒组织或传媒集团公司作为国有资产运营主体，具体行使传媒组织的出资人职责。

然后，在出资人到位的基础上，形成以公有制为主体，多种所有制共同发展的传媒产权制度，形成国有独资、国有控股与国有参股的多元化产权格局。包含公益性事业部分的新闻传媒组织或新闻传媒集团公司一律实行国有独资或国有控股，经营性传媒组织以及公益性传媒单位中被剥离出来的经营性资产则实行多种经济成分并存的混合所有制②。

对于组织结构更为复杂的新闻传媒集团公司而言，它应该是以产权为主要联结纽带，以集团章程为共同行为规范的母公司、子公司（子媒体）、控股公司和参股公司及业务关联成员单位组成的企业集团。集团母公司以清产核资后的净资产再投资的方式投入到各子公司，与相关的利益主体按规范的公司制明确产权关系。母子公司均为独立经营的法人实体，各自按照《公司法》独立承担法律责任。

第三节　新模式的提出及其逻辑基础

中国的特殊国情和中国传媒组织的特性使得中国传媒组织治理模式的选择首先必须基于由中国传媒组织自身特性及其所处的制度环境所界定的基本原则。但中国传媒组织的治理模式选择也不能拘泥于基本原则层面，仍须关

---

① 刘树成：《现代经济辞典》，凤凰出版社、江苏人民出版社 2005 年版，第 975,976 页。

② 纯经营性的传媒组织，如被剥离出来的广告公司、发行公司、印刷公司等不包含新闻内容产品生产的传媒组织，与一般企业相差无异，其产权与治理结构按照一般企业治理结构安排即可。本书着重讨论的是包含新闻内容产品生产的新闻传媒组织或新闻传媒集团公司。

注或考虑企业治理理论的新兴发展对传统企业治理理念与传统企业治理模式的冲击,要逐步适应这些新发展。

于是,中国传媒组织治理结构建设的目标模式,既不能死守成规、完全地沿袭之前的"股东至上"治理模式,也不能因为利益相关者理论对传媒组织当前治理困境所能起到的修正作用,就简单地照搬"利益相关者共同治理模式"。在相关制度前提下,考虑中国国情和传媒组织特性,结合企业治理的发展趋向来构建有中国特色的传媒组织治理结构模式。

对于转制为企业的传媒组织,特别是具有双重主体身份(事业法人性质的集团与企业法人性质的集团公司)的传媒集团而言,其治理结构构建的基本路径就是构建股东主导的利益相关者参与治理的新模式。这种模式创新的逻辑基础就是:坚持党的领导与传媒组织治理结构的结合是模式创新的基本原则;中国传媒组织治理结构变迁历程中所呈现出的制度调整与路径依赖的互动性是模式创新的认知基础;两大主流企业治理理论的优势互补是模式创新的理论支撑。

一、基本原则:党的领导与法人治理结构相结合

2001 年 8 月,中共中央办公厅、国务院办公厅转发《中央宣传部、国家广电总局、新闻出版总署关于深化新闻出版影视业改革的若干意见》,要求新闻出版广播影视业"健全党委领导与法人治理结构相结合的领导体制",正式提出传媒组织治理结构问题及其改革目标。于是,"坚持党委领导与传媒治理结构相结合"成为中国传媒组织治理结构的制度安排必须遵循的基本原则,并在传媒改革的各级会议上被不断强。对此,股东主导的利益相关者参与治理模式能满足这一原则性要求。

首先,"股东主导"保证党和政府对于传媒组织的领导作用的实现。对于传媒组织,特别是传媒组织而言,其性质是国有独资或国有控股,国有资产占据控制性地位。在这些传媒组织中,最大股东即是代表人民享有国有资产所有权的政府及其代表——国资委①。这样,"股东主导"从两个方面体现出来:一是在其董事会构建中,国有股在董事会中占多数;二是董事长由"最大股东"——党和政府委派,经理层由董事长任命,以保证传媒组织的宣传方向符

① 国有资产本质上归全体人民所有,由党和政府代表人民享有所有权。在具体落实上,由政府代表人民授权国资委承担出资人责任,国资委作为出资人授权传媒组织经营此部分国有资产。

合国家利益。

同时，设置党委会来实现党对于传媒组织的领导。党委的基本职责主要是对传媒组织实行意识形态的领导，以确保党管媒体、党管干部、党管导向、党管资产，具有监督权、人事管理和人事任免建议权、考核奖惩权、重大经营决策的参与权等权利。这样，党和政府对传媒组织的领导通过股东主导下的治理结构安排得以实现。

其次，"利益相关者参与治理"有利于治理结构强调的有效制衡机制的达成。治理结构是协调企业利益相关者的权、责、利的一整套制度安排，目的是明确企业股东会、董事会、监事会和经理层的职责，依靠政府、市场、社会等外部治理力量形成各负其责、有效运转和有效制衡的关系。

利益相关者参与治理可发挥多方监督的力量，通过建立既分权又相互制衡的制度来降低传媒组织内部多层授权及"一股独大"所易引发的治理问题（如前文所述的内部人控制、治理目标的偏差等），形成科学的决策、监督和激励约束机制，确保传媒组织有效运作，以及传媒组织多重利益目标得到实现和满足。

二、认知基础：路径依赖与制度调整的互动性

在传媒组织治理结构创新的过程中要创建符合中国传媒组织实际的、具有普适性意义的传媒组织治理模式，既需要考虑中国传媒组织治理结构变迁的路径依赖对制度创新的制约，又需要注重制度调整对路径依赖所导致的边际收益递减的改进作用。

"路径依赖"最早由大卫·保罗（David Paul）于1985年提出，之后马兰·阿瑟（Brain Arthur）进一步发展，形成技术演进中的路径依赖的系统思想。后来，道格拉斯·诺斯（Doug lass North）将这一思想拓展到社会制度变迁领域，建立起制度变迁中的路径依赖理论。"路径依赖"指人类社会中的技术演进或制度变迁均有类似于物理学中的惯性，即一旦进入某一路径（无论是"好"还是"坏"）就可能对这种路径产生依赖①。正如诺斯所指出的，"人们过去做出的选择决定了他们现在可能的选择"。

中国传媒组织治理结构变迁实质上是一种制度变迁，具有渐进性与艰难性的特点。从改革开放前的高度政治化的行政领导体制到当前的现代企业治理结构初建，传媒组织治理结构的改革已然超越一般形式上的变革或改良，呈

---

① 蔡德林：《试论我国区域经济非均衡发展中的路径依赖》，《当代经济》2007年第4期。

现为一场深刻的制度革命。

于是,作为制度变迁的中国传媒组织治理结构变革,也就难以避免地会存在路径依赖的问题:一方面,初始的制度设计与选择尤为重要,中国传媒组织治理结构制度安排不可忽视的价值取向即是"喉舌论",认为传媒组织是党、政府和人民的喉舌,强调传媒组织的意识形态属性,使得党和政府对于传媒组织的掌控始终是制度安排时极为强调的内容。另一方面,在被证明极大地推动了传媒产业发展的传媒市场化改革过程中,党和政府也居于极为重要与特殊的地位。党和政府不仅是传媒改革方向的把握者,也是传媒改革的主导性力量,党和政府利用自己在社会体系中的权威地位和在资源配置中的优势地位,颁布实施了一系列有效的改革方案和改革措施,为新制度的产生与发展提供有利的制度环境,使得新制度能够在政策层面得到认可,传媒组织中的市场因素逐步发育。因此,在改革进入攻坚阶段的现今,更要重视党和政府在改革中的主导作用和推动作用。这些都成为中国传媒组织治理结构变迁三十年来所形成的"路径依赖"。

然而,随着时间的推移,现有传媒改革路径的边际收益不断减少,传媒改革本身也衍生新的问题。一直以来传媒改革主要集中于增量部分,都是在不触动传媒组织的"事业单位"性质的前提下进行的企业化经营,尽管这种制度安排在改革初期极大地促进了传媒产业的发展,但是现在却成为传媒改革继续深入的羁绊。因此,在当前传媒改革进入"重塑市场主体"的攻坚阶段,传媒组织的治理结构也需要进行制度调整,以适应深入改革的需要。

"股东主导的利益相关者参与治理"顾及"路径依赖"的作用,既与之前传媒组织一直沿承的"股东至上"治理逻辑有明显的承接关系,又能通过利益相关者参与治理超越先前旧的治理模式存在的不足。这种新模式保持了传媒组织治理变革的渐进性特点而不至于引发剧烈的变动和招致强烈的改革阻力,是适合中国情况的可行的制度调整方式。

三、理论支撑:股东至上论与利益相关者论的互补

企业治理结构的目标模式究竟是选择"股东至上"治理模式还是"利益相关者"治理模式,这两种治理模式孰优孰劣?国内外学术界和企业界对此一直争论不休,至今仍无明确的定论。

其实,利益相关者治理模式与股东至上治理模式各有优点和缺点,股东至上的治理模式是目前企业治理普遍采用的模式,利益相关者治理模式则是企业治理结构发展的趋向。从中国的国情、中国传媒组织的特性及其治理结构

发展现状看，中国传媒组织治理结构发展的目标模式应结合这两大主流治理模式，取长补短，使得"股东至上"模式与"利益相关者"模式的优势都能发挥出来。

"股东至上"治理模式最大的优点是使企业在追求股东收益最大化目标下运行，追逐单一治理目标能够较快地提高企业的治理效率。但这种模式也会引发"大股东控制""内部人控制"、经营者的短期行为、对企业利益相关者和社会责任的忽视等治理问题。

"利益相关者"治理模式则强调社会的整体利益以及企业对社会责任的担当，同时，利益相关者参与企业治理所形成的多方制衡机制也能在一定程度上能破解股东至上模式引发的治理困境。但利益相关者共同治理模式如果只是简单照搬西方理论，会致使企业陷入既无效率又无操作性的被动局面。具体到传媒组织治理中，传媒组织多重治理目标，如政治宣传目标、公共利益目标、经济收益目标等的存在，势必要求多元的利益相关者参与传媒组织治理，众多利益相关者的利益如何协调，他们之间的权、责、利该如何界定及分配就成为治理结构安排中的重要议题。如若不清晰界定不同利益相关者的权责利范围以及利益的优先顺序，就易诱发利益冲突、增加交易成本、降低企业效率。

于是，发挥这两大治理模式的互补性，构建"股东主导的利益相关者参与治理"的治理模式可以有效地解决这些问题，兼顾公平与效率。

首先，股东在传媒组织治理中的地位是毋庸置疑的。一是从公司立法所明确规定的股东所应拥有的企业治理"主权"的落实角度看，作为国有传媒组织（企业）"最大股东"或"唯一股东"的中央与地方政府或其成立的相应的国有资产管理部门对于传媒组织的最终控制力在很大程度上要通过股东在治理中的主导地位实现。二是从治理效率的角度看，股东主导强调治理中股东对企业的控制能力，使得传媒组织能有比较清晰的发展方向，降低利益相关者参与治理的决策、协调等治理成本。

其次，传媒组织是服务于社会的经济系统，兼具经济与意识形态双重属性，尽管其存在着追求经济利益的目的，但也必须顾及社会利益。利益相关者参与治理可以使传媒组织受到利益相关者的监督与制约，保证传媒组织履行其社会责任，使得传媒组织实现包括经济效益在内的社会综合效益。

总的说来，"股东主导的利益相关者参与治理"的治理模式是股东至上治理模式与利益相关者治理模式的折中，这种新模式不仅照顾到中国传媒组织治理变迁历程与传媒组织的特殊性，并能满足传媒改革的要求且符合企业治理的发展趋势，是构筑当前传媒组织治理结构的可行途径。因此，可以在传媒改革不断深入的实践之中，探索这种治理模式的具体制度安排和结构设计。

第五章　股东主导的利益相关者参与治理模式的具体建构

　　从上文的讨论中,中国传媒组织治理结构创新的基本思路清晰可见:有效的传媒组织治理结构不应当仅仅体现股东的利益,应该同时体现多元利益相关者利益。在我国目前的制度环境下,最可行的传媒组织治理结构构建模式是"股东主导的利益相关者参与治理"。

　　在这一模式的具体设计中,首先涉及将多元的利益相关者纳入治理结构的问题。在对传媒组织利益相关者进行明确界定与分类的前提下,这一治理模式才具备实践上的可操作性。然后,在对传媒组织利益相关者进行界定与分类的基础上,对内部治理与外部治理的结构与机制进行具体的制度设计。

第一节　传媒组织利益相关者的界定与分类

　　传媒组织利益相关者参与治理模式包括一整套体现传媒利益相关者利益的政治、法律、文化和组织内部结构的制度安排,这些制度安排决定了传媒组织的发展战略、方向和行为。

　　制度的设计之初,必须了解如下问题:哪些是传媒组织的利益相关者,传媒组织的众多利益相关者在进入治理结构时是否应有所区别。

一、利益相关者的分类方法

　　在企业治理研究中,利益相关者的界定与分类是其核心问题,但是想对"谁是企业的利益相关者"这一问题给予明晰的解答也并非易事,不少学者都在这一议题上进行过努力与探索。

　　对利益相关者的界定的研究始于 20 世纪六七十年代,直至 20 世纪 90 年代得到迅猛发展。米切尔(Mitchell)和伍德(Wood)对自 1963 年斯坦福研究所开创利益相关者理论研究开始至 20 世纪 90 年代中期西方理论界对利益相关者界定的相关研究进行梳理，总结出 27 种具有代表性的利益相关者界定，集中反映出利益相关者界定的研究脉络[①]（表 6-1）。

表 6-1　利益相关者的 27 种代表性定义

提出者	时间	"利益相关者"的定义	出处
斯坦福大学研究院	1963	是一些团体，没有其支持，组织就不可能生存	Freeman,1983
雷恩曼	1964	依靠企业来实现其个人目标	Nas,1995
奥斯蒂德、杰奴卡能	1971	是一个企业的参与者	Nasi,1995
弗里曼、瑞德	1983	广义/狭义	Freeman&Reed,1983
弗里曼	1984	是能够影响一个组织目标的实现的人	Freeman,1984
弗里曼、吉尔波特	1987	是能够影响或被影响的人	Freeman,1987
科奈尔、夏皮罗	1987	是那些与企业有契约关系的要求权的人	Cornell,1987
伊万、弗里曼	1988	是在企业中"下了一笔赌注"的人	Evan&freeman,1988
伊万、弗里曼	1988	是因公司活动而受益或受损的人	Evan&freeman,1988
鲍威尔	1988	没有他们的支持，组织将无法生存	Bowie,1988
阿尔卡法奇	1989	利益相关者是那些公司对其负有责任的人	Alkhafaji,1989
卡罗	1989	是在公司中下了一种或多种赌注的人	Carroll,1989
弗里曼、伊万	1990	利益相关者是与企业有契约关系的人	Freeman&Evan,1990
汤普逊、瓦提克、斯密	1991	利益相关者是与某个组织有关系的人	Thompson,1991

①　陈宏辉：《企业的利益相关者理论与实证研究》，浙江大学博士论文 2003 年，第 68～70 页。

续表

提出者	时间	"利益相关者"的定义	出处
萨威奇、尼克斯等	1991	受组织活动的影响的人	Savage,1991
黑尔、琼斯	1992	是对企业有合法要求权的团体	Mill&Jones,1992
布热勒	1993	与某个组织有着一些合法的、不平凡的关系	Brenner,1993
卡罗	1993	在企业中投入一种或多种形式的赌注	Carroll,1993
弗里曼	1994	是联合价值创造的认为过程的参与者	Freeman,1994
威克斯、吉尔波特	1994	与公司相关联,并赋予公司一定的含义	Wicks,1994
朗特雷	1994	对企业拥有道德的或法律的要求权	Langtry,1994
斯塔里克	1994	可能或正在向企业投入真实的"赌注"	Starik,1994
克拉克森	1994	他们因企业活动而承担风险	Clarkson,1994
克拉克森	1995	是对一个企业拥有索取权、所有权的人	Clarkson,1995
纳斯	1995	是与企业有联系的人	Nasi,1995
布热勒	1995	能够影响企业,又受企业活动影响的人	Brenner,1995
多纳德逊、普尼斯	1995	是在公司活动中有合法利益的人和团体	Donaldson,1995

资料来源:Mitchell, A. & Wood, D. (1997). *Toward a theory of stakeholder identification and salience: Defining the principle of who and what really counts.* Academy of Management Review,22(4): 853～886.

（一）多维细分法

总的说来,利益相关者的界定方式繁多,不同学者对其内涵与外延都有不同的认知。更重要的是,对数量众多且构成复杂的利益相关者进行分类,然后结合企业的性质与治理目标,决定不同利益相关者的不同参与治理方式。

关于利益相关者分类的研究也是相当丰富的,主要的分类方式有多维细分法和米切尔评分法。

在 20 世纪 80 年代初期至 90 年代中期,"多维细分法"逐渐成为利益相关者分类的主要分析工具,体现在弗里曼(Freeman)、弗雷德里克(Frederick)、查克汉姆(Charkham)、克拉克松(Clarkson)、威勒尔(Wheeler)等人的研究中。

在弗里曼看来,利益相关者是"任何可以影响组织目标的或被该目标影响的群体或个人",在此基础上,他以所有权、经济依赖性和社会利益为区分标准对利益相关者进行分类。他认为对企业拥有所有权的利益相关者包括持有企业股票的经理人员、持有企业股票的董事和所有其他持有企业股票者等,与企业在经济上有依赖关系的利益相关者主要有在企业领取薪酬或获得收益的所有经理人员、债权人、内部服务机构、雇员、消费者、供应商、竞争者、地方社区、管理机构等,与企业在社会利益上有关系的利益相关者主要有特殊群体、政府领导人和媒体等。①

弗雷德里克将利益相关者视为"对企业的政策和方针能够施加影响的所有集团"。他根据利益相关者与企业的利益关系及影响程度,将利益相关者分为直接利益相关者和间接利益相关者。直接利益相关者是与企业直接发生市场交易关系的利益相关者,主要包括股东、企业员工、债权人、供应商、零售商、消费者、竞争者。间接利益相关者是与企业发生非市场关系的利益相关者,包括中央政府、地方政府、外国政府、社会活动团体、媒体、一般公众、其他团体。②

查克汉姆按照利益相关者群体与企业的合同关系,将利益相关者分为契约型利益相关者和公众型利益相关者。前者包括股东、雇员、顾客、分销商、供应商、贷款人;后者包括全体消费者、监管者、政府部门、压力集团、媒体、当地社区。③

克拉克松根据利益相关者与企业利益关系的紧密程度,进一步将利益相关者分为首要利益相关者和次要利益相关者。前者指企业的运行不能离开这些群体的参与,否则企业不可能持续生存,包括股东、雇员、消费者、社区、政府、供应商、债权人等;后者指与企业生存关系不大,但受到企业运作影响的群体,比如环境主义者、媒体、学者和批评家、贸易组织。④

---

① Freeman, R. E. (1984). *Strategic Management: A Stakeholder Approach*. Boston, MA: Pitman.

② Frederic, W. C.. (1988). Business and Society, Corporate Strategy, Public Policy, Ethics (6th edition.), McGraw-Hill Book Co., p182;寇小首:《企业营销中的伦理问题研究》,天津人民出版社2001年版,第77页。

③ Charkham,J. (1992). *Corporate Governance : Lessons from Abroad*. *European Business Journal*. 4(2):8～16.

④ Clarkson, M. (1995). A Stakeholder Framework for Analyzing and Evaluating Corporate Social Performance. *Academy of Management Review*. 20 (1):92～117.

威勒尔则将社会性维度引入,结合克拉克松提出的利益相关者与企业紧密程度的差异,认为有些利益相关者有社会性,即他们与企业的关系直接通过人的参与而形成;有些利益相关者却不具有社会性,即他们并不是通过"实际存在的具体的人"与企业发生联系的。基于以上理解,威勒尔将利益相关者划分为四类:第一类为首要社会性利益相关者,指与企业有直接的关系的社会人,如顾客、投资者、雇员、供应商、其他商业合伙人等;第二类为次要社会性利益相关者,是指与企业间接联系的社会群体,如居民、相关企业、其他利益集团等;第三类为首要非社会性利益相关者,是指对企业有直接的影响,但不与具体的人发生联系,如自然环境、人类后代等;第四类为次要非社会性利益相关者,是指对企业有间接影响,不包括与人的联系,如非人物种等。[①]

但是,这些多维细分的分类方法主要存在于理论研究中,由于实践操作性上存在难度,较少应用于具体企业治理结构的设计与安排中。

(二)米切尔评分法

20世纪90年代后期,美国学者米切尔(Mitchell)和伍德(Wood)提出一种新的评分法对利益相关者进行分类。由于这一方法界定清晰且简单易行,迅速受到学术界和企业界的推崇,成为当前接受度最高的利益相关者分类方法。

米切尔首先提出,利益相关者理论有两个核心问题:一是利益相关者的认定,即谁是企业的利益相关者;二是利益相关者的属性,即管理者依据什么来关注特定群体。与此同时,利益相关者可能具备三种属性:合法性、权力性和紧急性。合法性指某一群体是否被赋予法律和道义上的或者特定的对于企业的控制权;权力性指某一群体是否拥有影响企业决策的地位、能力和相应的手段;紧急性指某一群体的要求能否立即引起企业管理层的关注。

米切尔从利益相关者的认定与属性两大核心问题出发,依据合法性、权力性、紧急性三个属性对可能的利益相关者进行评分,根据分值的高低来确认某一个体或者群体是不是企业的利益相关者、是何种类型的利益相关者。据此,米切尔将利益相关者分为三种不同类型:确定性利益相关者、预期性利益相关者和潜在利益相关者。

确定性利益相关者同时具备合法性、权力性和紧急性,其代表有大股东、拥有人力资本的管理者等。预期性利益相关者拥有三种属性中的两项,具体

---

① Wheeler,D. & Maria,S. (1998). Including the stakeholders:The business case. *Long Range Planning*,31(2):201~210.

有三种情况：第一，对企业拥有合法性和权力性的群体，他们希望利益能得到关注，也往往能够达到目的，甚至还能参与企业的决策过程，如股东、雇员等；第二，对企业拥有合法性和紧迫性的群体，这一群体为达到目的通常采取结盟、参与政治活动等办法来影响管理层的决策；第三，对企业具有紧迫性和影响力的群体，但这一群体不具备合法性，如罢工者、环境保护主义者、政治和宗教极端主义者等。潜在利益相关者则只拥有三种属性的其中一种。这一群体将随着企业的运行情况来决定是否能拥有企业属性其他类两类。①

由于设立了评判维度与具体分值，米切尔评分法有效地提升了利益相关者理论的现实操作性，为利益相关者参与企业治理提供了可实践方式。

二、传媒组织利益相关者的分类

基于清晰性与易操作方面的考虑，本书采用米切尔评分法对传媒组织利益相关者进行界定与分类。

根据米切尔的划分方法，传媒组织的利益相关者可分为三种类型：第一类是确定性利益相关者，他们在传媒组织中投入物质资本、人力资本或社会资本，传媒组织必须十分关注并尽力满足他们的愿望和要求，吸纳他们共同参与传媒组织治理。如政府相关部门、经营管理者、媒体职工（记者、编辑、主持人、播音员等）都归于此类；第二类是预期性利益相关者，他们同传媒组织有着密切的联系，有时还能正式地参与传媒组织决策的过程，这类利益相关者包括相关评议组织、记者协会、消费者（受众、广告商）；第三类是潜在的利益相关者，除非他们在某种情况下能拥有一定的合法性，或获得了某种权力，否则传媒组织不需要特别关注他们的需求，这一类的利益相关者主要是一些其他类型的企业。

但我们也应注意到，"米切尔关于利益相关者的分类模型是动态的，即任何一个个人或者群体因社会经济环境的改变而获得或失去某些属性后，就会从上述一种类型转化为另一种类型"②。可见，在构建传媒组织治理结构时，更应动态地与定量化地辨认不同时期利益相关者的权利属性，从而对其重要程度进行区分并制定出不同利益相关者参与传媒组织治理的方式与方法。

---

① Mitchell, A. & Wood, D. (1997). Toward a theory of stakeholder identification and salience：Defining the principle of whom and what really counts. *Academy of Management Review*，22(4)：853～886.

② 贾生华、陈宏辉：《利益相关者的界定方法述评》，《外国经济与管理》2002 年第 5 期。

三、传媒组织利益相关者的分级进入

正如上文所析,企业的众多利益相关者之间往往存在着多维度的差异,并不是同质的、毫无区分的。特别是对于传媒组织这种具有双重属性与多重治理目标的组织而言,其利益相关者的群体相对于一般企业更为广泛,因而利益相关者之间的利益关系与利益冲突也就更为错综复杂。试图让所有的利益相关者都参与传媒组织治理,显然是既不现实也无必要。

因此构建股东主导的利益相关者参与治理模式首先是确定在众多且复杂的利益相关者中谁能成为治理主体。

本书认为,在传媒组织内部治理结构的安排中,传媒组织的治理主体应当是与传媒组织有着紧密联系的确定性利益相关者与预期性利益相关者。在具体的制度安排时,确定性利益相关者应享有决策、监督和激励其他利益相关者的权利,预期性利益相关者也应享受监督确定性利益相关者的权利,这样在侧重考虑确定性利益相关者利益的同时,也能兼顾预期性利益相关者利益,实现权力的制衡与利益的平衡。具体而言,这些利益相关者包括:

(1)政府。一方面,政府部门为传媒组织的改革和发展建立法律、政治和财政框架,为传媒制度构建提供支持。更重要的是,转企改制的传媒组织,其性质仍为国家所有制,在实践操作中由政府代表人民授权国资委承担出资人职责,国资委作为出资人授权传媒组织经营此部分国有资产。所以,在这些传媒组织中,最大股东即政府及其代表——国资委是传媒组织当然的利益相关者。

尽管本书反对"股东至上"治理逻辑,并不认同传媒组织只为股东利益最大化服务,但这并非意味从根本上否定股东的地位与利益,而是通过导入利益相关者理论并提出利益相关者参与治理的新模式对传统股东至上理论进行纠偏。事实上,股东和其他利益相关者在长期利益分享上,其根本目标具有一致性,因此,在股东主导的利益相关者参与治理模式的框架中,股东作为物质资本的投入者依然有其显著的地位,其利益仍应得到维护。

(2)经营管理者。传媒组织的经营管理者,如总编辑、总经理等中高层领导,他们是传媒组织人力资本的所有者,且作为传媒编辑业务与经营业务的组织者、指导者和参与者,成为传媒组织中最主要的人力资本所有者。所以,经营管理者也是传媒组织当然的利益相关者。

但在论及利益相关者参与治理时,往往疏于强调对经营管理者利益的保护。因为在现代企业复杂的委托—代理制下,经营管理者一般都被看作掌握着企业实际控制权的人。"经营者往往被看成权力的中心，所以就不能从技术上，而要从战略上详尽考察他们的作用。其中关注的焦点是经营者自主决策的权力有多大，以及是否滥用这种权力。"①正因为经营管理者在企业中的权力重大且较难受到制约，相关的研究与制度安排都更多关注于如何设计有效的监督约束机制对经营管理者的行为进行监督与制约。

（3）职工。传媒组织的职工主要是编辑、记者与相关行政人员。在现代企业中，职工的人力资本价值日渐凸显，受到关注与强调。"确保劳动者的参与权，创建提高工作业绩（乃至成功）的适当激励机制，这是利害相关哲学的主要内容之一。关键是让工作在企业中的个人与企业的未来之间保持一种利害关系，只有这样，他们才会有责任感，才会对工作的企业有一种认同感。成功的企业并不仅将自己的雇员看作一种生产资料，而是将他们视为革新创造的源泉。"②尤其是传媒组织的主要产品是内容产品，创造与生产内容的人更是成为传媒组织发展的关键性资源。

推行职工参与治理制度，吸收职工参与传媒组织治理可以积极地发挥人力资源的潜能。如将职工纳入董事会、监事会的组成成员，可以发挥其信息资源优势为企业决策提供建议，还可以保证职工的利益得到实现。此外，对于已经进行股份制改造和已上市的传媒公司推行职工持股计划可优化公司股权结构，并形成有效的激励机制和监督机制。

（4）其他预期性利益相关者。除上文列举的三种确定性利益相关者，传媒组织还有相关评议组织、记者协会、消费者（受众、广告商）等预期性利益相关者，尤其是受众直接决定着传媒组织的发展前景，有学者曾直接指出过传媒经济的实质是受众经济，将受众视为传媒经济理论与实践的起点③。

随着社会政治经济文化技术的进步，传媒组织与社会的联系日益密切，社会对传媒组织也提出更高的要求。故传媒组织要进一步促进自身发展，就应当不断加强与预期性利益相关者的联系，例如让消费者（尤其是受众）代表以监事的身份参与传媒组织的管理，对传媒组织管理层的决策进行监督，这样传媒组织能更紧密地了解受众需求、贴近受众需求；而加强与评议组织和相关协

---

① 葛丽君：《利益相关者理论视角下的公司治理》，《开发研究》2008年第6期。

② 郭金林：《论公司治理的利益相关原则与消费者参与制度》，《消费经济》2002年第1期。

③ ［美］南波利著、陈积银译：《受众经济学：传媒机构与受众市场》，清华大学出版社2007年版序。

会的联系,则可得到详尽、专业、客观的意见,为传媒组织决策提供重要参考。

第二节　传媒组织的内部治理机制设计

在对传媒组织的利益相关者予以界定及分类之后,就需要在"股东主导的利益相关者参与治理"的治理理念下,结合现代企业治理结构的制度安排对传媒组织的内部治理机制进行具体的设计。

现代企业制度下的企业治理结构框架一般包括股东会、董事会、监事会和经理层。股东会是由全体股东参与和构成的公司最高权力机构和决策机构,负责企业的重大事项决策,依法行使公司法中所规定的决定企业的经营方针和投资计划、选举和更换董事,决定董事报酬等职权。董事会是由股东会选举的董事所组成,负责执行企业业务的常设机构,以及企业大政方针的决策和执行机构。董事会是现代企业制度下公司治理的核心,其权力主要包括制订企业的经营计划、投资方案、财务预算方案、资本变更方案等,拟定企业合并、分立、解散等事项的方案,决定企业内部管理机构的设置方案,聘任或解聘总经理等。经理层受聘于董事会,作为董事会决策的执行机构,在董事会授权范围内负责行使企业日常经营管理的指挥权,贯彻董事会决议,组织企业高效运转。监事会则是作为企业的专门监督机构,对董事、经理及其他企业管理人员行使监督职责。[①]

对于划分为经营性企业的传媒组织而言其改革的方向就是建立现代企业制度,而法人治理结构(企业内部治理结构)是现代企业制度的核心。通过内部治理结构的建立和完善,明确股东会、董事会、监事会及经理层的权责利,使之各司其职、有效制衡,提高传媒组织的效率,实现多重治理目标是传媒组织治理结构构建的重心。

在具体架构上,传媒组织要根据权力机构(股东会)、决策机构(董事会)、执行机构(经理层)与监督机构(监事会)相互独立、相互制衡和相互协调的原则,建立股东会、董事会、管理层、监事会及党委会、职工代表大会、工会的合理交叉任职,并具有均衡有效的激励约束机制的内部治理机制。

---

① 刘银国:《国有企业公司治理问题研究》,合肥工业大学 2006 年博士论文,第 44,45,50 页。

一、确立党组织的政治核心地位

转制为企业的传媒组织与一般企业的最大的不同,在于它的双重属性,特别是其政治与意识形态属性更加凸显了党组织在传媒组织治理结构中的必然的特殊地位——政治核心。

为避免由于职权重叠与人员重合所造成的职责不清、决策混乱,同时又能保证党组织在传媒组织中作为政治核心的地位,党组织与股东会、董事会、监事会与经理层可采取"双向进入"。国有独资和国有控股的传媒组织(企业)的党委成员可以通过法定程序分别进入董事会、监事会和经理层,董事会、监事会、经理层中的党员也可依照相关规定进入党委会。

一般情况下依照"双向进入"的原则,党委书记与董事长可由一人兼任,以保证控制权始终掌握在党委会手里;未设立董事会的传媒组织,可以实行党委书记兼任副总经理、总经理兼任党委副书记的交叉任职模式;在少数特殊情况下,党委书记与总经理也可由一人兼任。但在实际的制度安排中,应尽量避免重要职务由一人兼任。对于已建立法人治理结构的传媒组织,要建立健全议事规则与程序,明确与完善党组织参与传媒组织治理的程序与机制。

同时,在实际工作中,还要防止党委会越权以及过度干预传媒组织经营,影响传媒组织的经营绩效。于是,对于党委会与董事会、监事会、经理层之间权责的划分就尤为重要:党委会拥有重大事项的决定权,宣传业务的审核权,主要领导干部的任免权;董事会负责传媒组织重大问题的决策与经营;经理层负责决策与经营的具体执行;监事会履行监督职能,尤其是对董事会、经理层的有效监督。

党委会与董事会之间还要通过建立联席会议与沟通制度确保党委会与董事会之间的权责清晰与协调合作,一方面是通过建立联席会议,将传媒组织需要解决的重大或敏感问题在联席会议上讨论并决定,并严格遵循民主集中制原则,属于党委会负责范围内的事项由党委书记主持召开,属于经营管理方面的事项则应有董事长或总经理负责召开;此外,为了加强党委会与董事会的沟通与联系,应通过定期沟通制度的建立,通过通气会、碰头会等方式,将传媒组织急需解决的问题预先沟通,达成共识性意见,以减少决策失误。

具体而言,党委会在传媒组织治理结构中应起到政治核心的作用。2005年3月12日,中共中央办公厅转发的《中央组织部、国务院国资委党委关于加强和改进中央企业党建工作的意见》中曾指出党组织在国有企业中的作用,即是"要坚持党的领导、发挥国有企业党组织的政治核心作用,要坚持党管干部和党管人才的原则,建立健全企业党组织发挥政治核心作用、参与企业重大问题决策的体制和机制,保证、监督党和国家方针政策在中央企业的贯彻执行。"对于传媒组织而言,更是如此。传媒组织党委会的政治核心作用主要体现于以下几个方面:

(1)党委会要为传媒组织治理创造一个多方利益相关者共同参与治理的环境。党代表的是中国最广大人民的根本利益,"最广大人民"的范畴内自然地涵盖了众多传媒组织利益相关者,包括政府、职工、受众、上下游企业等。

于是,在利益相关者参与治理的理念指引下,党委会要积极促成多方利益的表达与协调:一是创造充分的利益表达机制,使得各方利益相关者的利益都能得到充分的表达。二是创造利益协调机制,通过党组织内的相关制度安排、组织结构构架和道德约束,协调不同利益相关者的利益冲突,化解利益矛盾。

(2)党委会要发挥导向与把关功能,积极协助董事会、监事会、经理层依法行使职权、履行职责。党委会参与的讨论与决策,主要是参与传媒组织在改革发展和市场竞争中具有全局性、长期性、关键性与战略性的重大事项的决策,而不是直接参与传媒组织的具体经营运作。其主要意义在于为传媒组织的发展做出方向上的指引,同时确保传媒组织在政治上的正确性。

(3)党委会要充分发挥监督职能。党委会首先要以法律法规为标准监督传媒组织的经营行为,同时在传媒组织内部要围绕国有资产保值增值和传媒组织改革目标,建立与现代企业制度相适应的监督体系。

(4)党委会要发挥思想政治领导的职能。党委会要承担起传媒组织的思想政治工作、精神文明建设和传媒组织文化建设的职责。首先,党委会要培养"有理想、有道德、有文化、有纪律"的传媒从业者。同时,党委会还要注重对传媒组织管理人员的培养,要提高管理人员的思想政治素质,并培育德才兼备的传媒经营管理者。

简单概括,党委会在传媒组织中的政治核心作用,主要体现于"管方向,管思想,管培养,管协调"。

二、架构相互制衡的"三权四会"

在我国,股东会—董事会—经理层—监事会是法人治理结构的基本构架形式。在党委会的领导下,股东会、董事会、经理层和监事会的成员构成、权利与职责就成为必须明确的问题,既要有效地界定与控制各方权利,确保各方权利在设定范围内的独立行使,又要防止滥用权力。

于是,通过将利益相关者引入传媒组织治理结构的具体构架之中,通过各方利益相关者之间的博弈与较量，并结合各机构的权责利的制度安排与设置，形成传媒组织"三权"（决策权、执行权、监督权）、"四会"（股东会、董事会、经理层、监事会）相互制衡的内部治理结构。

（一）股东会

尽管传媒业已经正式进入转企改制阶段，但我国大多数传媒组织仍旧带有很浓厚的事业单位色彩。换句话说，就是传媒业鲜有业外资本的进入，几乎都是由国有资本"统领天下"。但是随着传媒体制改革的日益深入，产权改革的逐步推行，其他社会资本必然地会成为传媒资本的一个重要组成部分，其他社会资本所有者也就和国有资本所有者一样成为传媒组织的股东，股东会就成为他们表达意愿与行使权利的重要场所。

股东会①是依照《公司法》设立的，由公司全体股东所组成，行使公司权力的非常设机构。股东会是公司的最高权力机构，在形式上，股东会表现为一种定期或临时举行的由全体股东出席的会议。

根据《公司法》规定，股东会具有下列法定职权：(1)决定公司的经营方针和投资计划；(2)选举和更换非由职工代表担任的董事、监事，决定有关董事、监事的报酬事项；(3)审议批准董事会的报告；(4)审议批准监事会或者监事的报告；(5)审议批准公司的年度财务预算方案、决算方案；(6)审议公司的利润分配方案和弥补亏损方案；(7)对公司增加或减少注册资本作出决议；(8)对发行公司债券作出决议；(9)对公司合并、分立、解散和清算等事项作出决议；(10)修改公司章程；(11)公司章程规定的其他职权。概而言之，股东大会拥有如下权利：要案决定权、人事任免权、听取报告权、行使确认权和财务处理权。

对于传媒组织而言，一旦建立了现代企业制度、实现了股权多元化，那么在股东会的运作中就不仅仅要体现国有股东（政府及其代理机构）的意见，同时还要尊重其他参股股东的意愿，这样也有利于不同利益主体之间相互制约，避免重大决策失误。

（二）董事会

代理理论强调董事会的控制—治理功能，认为董事会是重要的内部治理

---

① 《公司法》规定，国有独资公司不设股东会，由国有资产监督管理机构行使股东会职权。国有资产监督管理机构可以授权公司董事会行使股东会的部分职权，决定公司的重大事项，但公司的合并、分立、解散、增加或者减少注册资本和发行公司债券，必须由国有资产监督管理机构决定；其中，重要的国有独资公司合并、分立、解散、申请破产的，应当由国有资产监督管理机构审核后，报本级人民政府批准。

机制,它作为股东的信托人,监督经营者以确保股东利益不受侵害。[①] 从这一理论视角出发,董事会在企业的治理结构中居于中心位置,其结构和功能的完善与加强对于企业治理功能的发挥尤为重要。

在第五章中,已经分析得出传媒组织更适合采用股东主导的利益相关者参与治理模式的结论。股东主导地位的实现与利益相关者参与治理的达成,主要是通过利益相关者进入董事会和监事会,以及利益相关者间的博弈形成多方制衡的格局。由此,董事会与监事会的成员构成应包括利益相关者在内,而不应当仅仅由股东代表所组成。

传媒组织的董事会作为其最高决策机构,代表股东履行所有者权利,决定传媒组织的重要宣传报道、机构设置、人事任免、投资决策、战略规划、工作部署等重大事项。在传媒组织董事会的构成中,股东派出的股东董事,经营管理者选派的执行董事,职工推选的职工董事这些确定性的利益相关者必然地要纳入其成员构成,此外还要考虑将其他预期性利益相关者,如传媒受众、传媒相关的行业组织、传媒研究专家也可作为外部董事纳入进来,使得董事会不但能体现传媒组织成员的利益,还能保证其他与传媒组织有着密切联系及利害关系的利益相关者的利益,既能发挥内部董事(如政府董事、股东董事、职工董事)在掌握传媒组织内部信息和执行董事会决议方面的优势,又能发挥外部董事的监督独立性以及他们在各自领域内的特长(图 6-1)。

传媒组织作为国有企业是由国家或其代表机构(或部门)投资设立的,政府董事是其董事会的必然成员。但为保证董事会的独立性,减少董事会进行决策时所受到的直接和不必要的行政干预,应"限制直接来自于国家行政监管部门的董事会成员数量,并且所有董事会成员应该通过透明的程序进行提名和任命",而且,政府部门的公务员或官员一旦进入国有企业董事会,应该辞去其在政府的一切职务,以便于他们专注于董事会的职责。[②]

执行董事指在企业高管层中担任执行职务并就该职务负有专业责任的董事。一般而言,执行董事应由企业管理者担任,担负着履行董事会职能的责任或指定的职能责任。对于传媒组织而言,其总编辑与总经理应纳入董事会并担任执行董事,积极履行董事会做出的经营管理决议,肩负相应责任。

　　① Fame, E. & Jensen, M. (1983). *The Separation of Ownership and Control.* Journal of Law and Economics, 12:61～64.

　　② OECD (2005). OECD Guidelines on the Corporate Governance of State-owned Enterprises, http://www.oecd.org/document.

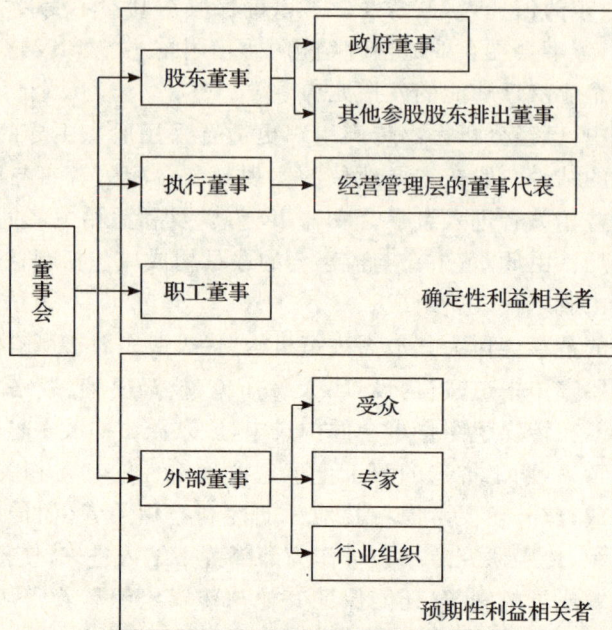

图 6-1　传媒组织的董事会成员构成图示

资料来源：作者整理。

传媒组织的职工不仅是人力资本的所有者，更是真正意义上的最终所有者，因此，董事会中应有一定数量的职工代表，而且这一比例不应低于 1/3。董事会中的职工代表由企业职工通过职工代表大会、职工大会选举产生。"职工代表应该具有董事会所有其他非执行成员一样的责任和义务，应该以最大化公司利益来行动，并公平地对待所有其他的股东。为了确保职工代表成员对决策制订过程产生积极的作用，应该建立机制以保证他们具有真正独立的思想、保证他们能遵守他们的保密义务、保证他们能投入必要的时间和精力以履行自己在董事会的职责。这些机制应该包括足够透明和民主的选举程序、还应该包括广泛的培训和减少潜在利益冲突的措施。"①

保证董事会独立性及加强监督制衡功能的措施还包括引入足够数量的、没有利益冲突，并应该具备相应的能力与经验的外部董事。这些董事可以是新闻传播学专家学者，也可以是媒体从业协会成员，还可以是传媒受众和人大

---

① OECD（2005）. OECD Guidelines on the Corporate Governance of State-owned Enterprises，http://www.oecd.org/document.

代表等。外部董事的主要作用在于能够改进董事会的知识结构，提升董事会的决策质量，同时，外部董事还有助于董事会的独立性，及决策的客观性和公正性。

在董事会的结构安排上，还应考虑在董事会下设若干个专业委员会，作为董事会专业分工机构，对董事会特定事务方面的决策具有特殊发言权。比如战略决策委员会，负责制定传媒组织长期发展战略；审计委员会，负责审定传媒组织的内部财务报告；提名委员会，负责推选和核定董事提名；薪酬委员会，负责董事会、监事会、总裁、经理层的考评和薪酬等。专业委员会的设置有助于提升董事会的运作效率和决策的科学性，并在具体运作中促进利益相关者的参与，使得董事会能更多地考虑到利益相关者的利益。

在董事会职责方面，传媒组织董事会首先应该担负与一般公司董事会完全一样的职责。根据《公司法》第四十七条规定，董事会对股东会负责，行使下列职权：(1)召集股东会会议并向股东会报告工作；(2)执行股东会的决议；(3)决定公司的经营计划和投资方案；(4)制订公司的年度财务预算方案、决算方案；(5)制订公司的利润分配方案和弥补亏损方案；(6)制订公司增加或者减少注册资本以及发行公司债券的方案；(7)制订公司合并、分立、解散或者变更公司形式的方案；(8)决定公司内部管理机构的设置；(9)决定聘任或者解聘公司经理及其报酬事项，并根据经理的提名决定聘任或者解聘公司副经理、财务负责人及其报酬事项；(10)制定公司的基本管理制度；(11)公司章程规定的其他职权。

此外，由于传媒组织的国有性质，其董事会还应承担以下责任：一是董事会应该被提出达成治理绩效的明确要求，他们要对传媒组织的所有者及利益相关者负责，并努力实现传媒组织的多重利益目标（社会利益、经济利益与公共利益）；二是董事会也应肩负起隔离功能，防止政府部门不恰当的行政干扰，保证传媒组织的市场主体性的充分发挥。

（三）监事会

企业的治理实践表明，监事会能否有效发挥其机能，关键在于能否保证其在履行监督职能时候的独立性。

企业监事会的独立性主要体现在两方面，一是"人员安排上的独立性"，只有在人员安排上独立于企业的董事会和经理层，才能保证监事会成员"不会屈服于经营层或董事会的压力"；二是"权力构造上的独立性"，只有在监事会成员与董事会或经理人员分属不同系统，并没有职务上的级别关系时，才能够达到权力主体间的相互制衡。所以，监事会的成员构成应以预期性利益相关者为主,确定性利益相关者为辅,从而避免与董事会、经理层人员重合,这也符合传媒组织利益相关者共同参与企业治理的本质要求。

因此传媒组织的监事会主要由政府及其代表部门以及其他股东委派的代表,传媒组织的职工代表,还有有关专家、受众等共同组成,以维护各方利益均衡(图6-2)。

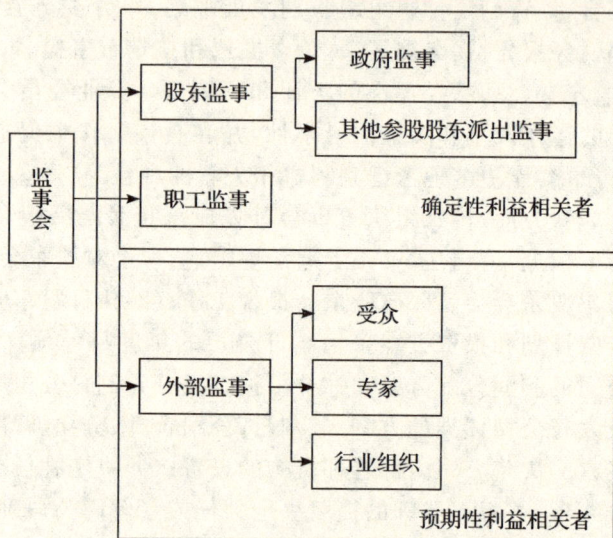

图6-2 传媒组织(企业)的监事会成员构成图示

在具体人员安排上,监事会设主席一人,应获得半数以上的全体监事选举并同意。为了保证监事会的独立性,董事、经理层不得兼任监事。其中外部监事尽量能达到一半以上,职工代表的比例不应低于三分之一,具体比例依照传媒组织章程来确定。监事会中的职工代表由传媒组织职工通过职工代表大会、职工大会或者其他形式民主选举产生。

根据《公司法》第五十四条监事会行使下列职权:(1)检查公司财务;(2)对董事、高级管理人员执行公司职务的行为进行监督,对违反法律、行政法规、公司章程或者股东会决议的董事、高级管理人员提出罢免的建议;(3)当董事、高级管理人员的行为损害公司的利益时,要求董事、高级管理人员予以纠正;(4)提议召开临时股东会会议,在董事会不履行本法规定的召集和主持股东会会议职责时召集和主持股东会会议;(5)向股东会会议提出提案;(6)依照本法第一百五十二条的规定,对董事、高级管理人员提起诉讼;(7)公司章程规定的其他职权。此外,监事还可以列席董事会会议,并对董事会决议事项提出质询或者建议。

（四）经理层

自《羊城晚报》实行社长领导下的总编辑、总经理分工负责制之后，传媒组织的"经营"功能得到强调并获得独立发展的地位，形成采编与经营双翼齐飞的格局，并在绝大部分传媒组织中得到采用。

这种采编与经营分工运转的管理模式考虑到传媒组织与一般企业的不同特性，既照顾传媒内容产品的公共性，又考虑传媒组织日益张大的经济功能，因此，也应该在传媒组织的治理结构中得到体现。于是，传媒组织经理层的制度安排应采用党委会和董事会双重领导下的编委会与经委会分工负责制。

总编辑和总经理共同位于经理层中心。总编辑全面负责传媒采编业务工作，总经理全面负责传媒经营业务工作。他们领导的管理机构分别为编辑委员会（简称编委会）和经营委员会（简称经委会）。其中，总编辑对传媒内容产品负责，其人选由党委考察选派，以保证内容方向的正确性与公正性。总经理对传媒组织的经营活动负责，其人员选聘应导入市场机制，遵循企业章程和董事会意见，党政部门避免干预。

在组织构架上，编委会是传媒组织董事会的执行机构，但主要接受党委会的直接领导，是党委会有关新闻宣传内容重大决策的执行机构，也是传媒组织日常新闻宣传业务工作的领导指挥机构。对于传媒集团而言，应建立起党委会—编委会—子媒体编委会—采编部门—采编人员组成的采编组织系统。

经委会作为董事会的另一执行机构，接受董事会的直接领导，执行董事会决议，并负责传媒组织的日常经营管理工作。经委会的主要职责是：制定董事会决议的落实方案；审定经营管理部门及各子公司的业务目标、工作计划；拟定、督导、指挥及支援各经营部门、子公司完成业务目标的各项方案；定期分析经营管理工作上的重大问题，进行研究、提出建议，并改进管理；评估经管人员的工作表现，等等①。对于传媒集团，则应构建起董事会—集团公司经理层—各子公司董事会、经理层—子公司部门—业务人员组成的经营管理组织系统。

同时，采编组织系统与经营管理组织系统两大系统的协调与合作主要通过党委会与董事会来达成。

三、实施多元的激励约束机制

搭建股东会—董事会—经理层—监事会的组织架构，达成三权分立（即决

① 徐熙玉：《报业集团体制创新和组织再造的九大着力点》，《青年记者》2005 年第 2 期。

策权、执行权、监督权分离）的状态，并不能完全解决问题，实施充分且均衡的激励约束机制也是完善治理结构必不可少的重要途径。

完善传媒组织的激励和约束机制的主要方法是，设计多元化和激励性的报酬制度，对董事成员、监事成员、高级管理人员实行年薪、风险补偿、股票与股票期权共同激励的收入制度，实现传媒组织的经营效益和个人业绩相联系、短期性和长期化相结合的激励机制；同时，建立起报酬披露机制、问责机制、责任赔偿制等约束机制，使激励与惩罚并行。

（一）对高层管理人员的激励约束机制

在传媒组织治理结构的构建过程中，对高层管理人员（董事长、执行董事、总经理等）的激励与约束机制是其治理结构完善的重要层面。其一是要尽快建立市场化、动态性及长期性的薪酬激励机制；其二是要建立起报酬披露机制、问责机制等约束机制。

首先，传媒组织高管人员薪酬收入应从市场价值层面考虑。改变过往单调的月薪制（基本工资加岗位津贴），在高管人员的薪酬激励中推行年薪制，让他们拥有一定的股权、期权等，以达到长期激励，令传媒组织的高管人员既能获得更多的企业经营剩余激励，又能使他们的收入增长和传媒组织价值增长保持一致性，促使他们的经营管理行为有助于传媒组织的长期化发展。其次，是要建立科学合理的定期业绩评估制度，将过去注重"德""勤"等方面的考核标准与"绩"的方面的考核标准相结合，突出"绩"在考核中的重要地位，改变他们在工作中按部就班的状态，激发工作热情。

其次，需建立报酬披露机制，传媒组织还应当将高管人员的薪酬置于其他利益相关者的监督之下，以体现利益相关者参与治理这一本质要求。如将高管人员的薪酬置于利益相关者的监督之下，将高管人员的薪酬支付数额与支付方式、其业绩指标及同行业比较等进行披露令利益相关者可以明确的分析判断他们的业绩与报酬是否相符，以做出调整修正。

然后，还要将问责机制导入到对高层管理人员的制约中，对不尽职的高管人员进行责任追究，从而约束其经营管理行为。

（二）对其他董事成员、监事成员的激励约束机制

其他董事①成员与监事成员的激励机制主要通过分类薪酬和业绩评估来实现，约束机制则应引入引咎辞职制和责任赔偿制。

首先，为了保证其他董事成员与监事成员的独立，防止其受影响，他们的

---

① 其他董事主要指股东董事、执行董事之外的外部董事。

薪酬分为两个部分：一是津贴或车马费，由传媒组织支付；二是基本薪酬，由派出机构支付，如职工董事和职工监事任职期间的报酬由职代会或工会支付。

其次，其他董事和监事的派出单位定期对其业绩如工作能力、工作情况、执业道德等内容进行考核，并通过一定的考核机制对代表进行激励和惩罚；如果认为所派代表未能表达与维护利益相关者的权益或没有尽职尽责，则可罢免代表的董事或监事资格，并重新选派代表。

同时，董事会和监事会管理中还应引入引咎辞职制和责任赔偿制，即传媒组织如若出现重大失误，董事会、监事会或相应负责群体应全体辞职，并以个人家庭财产承担有限责任。通过这些约束机制来防止董事会成员与监事会成员的不作为及"搭便车"行为，强化其履职意识。

第三节　传媒组织的外部治理机制设计

完整的治理结构包括两个方面的内容：一是企业内部股东会、董事会、监事会及经理层等机构之间的相互制衡关系并形成相应的组织结构，二是政府、市场、社会等外部力量对企业的治理。于是，对于要建立股东主导的利益相关者参与治理模式的传媒组织而言，外部治理机制作用的发挥同样是利益相关者参与治理的重要方式，是治理结构制度安排不可忽视的重要维度。市场治理、政府治理和社会治理等构成传媒组织的外部治理机制，这些外部机制和内部机制共同构成传媒组织治理结构的基本内容。

一、促进政府治理机制的转型

传媒组织的政府治理是指政府作为传媒组织运作的监督机构，在监管权力、方式和方法等方面的组织形式和制度安排，以及相关法律的构建和实施，即传媒组织的政府治理包括传媒监管机构的主动式监管和传媒法律法规构建的被动式监管。所以，政府治理具体可以分为政府监管和法律监管两部分。

改革开放前，我国政府对传媒组织的治理是全能式的治理，它们既是传媒组织的所有者和管理者，还会直接操控传媒组织的所有运作内容。随着改革的不断深入，政府从对传媒组织的全盘控制中逐步退出，将部分的经营权下放，但绝大部分的权力如监督权、重大决策权以及经营者选择权等仍把持在政府手中，这是导致政企政事不分、传媒组织内部权责不清的重要原因，影响传媒组织治理机制的有效运转。

建立合理有效的政府治理机制的关键是促进政府治理机制改革，促成从全能政府向有限政府、从控制型政府向责任型、服务型及法制型政府的转型。

（一）政府监管

政府监管又称政府规制，是政府对企业、个人等行政相对人的行为实施直接控制或干预的总称。政府规制有广义与狭义两个层面的含义。从广义上说，它指政府依法干预市场经济的所有职能，包括减轻或消除"宏观经济不稳定"（如通货膨胀、经济衰退和失业、滞胀）的宏观经济政策，和克服"微观经济无效率"（如自然垄断、外部性、公共品、信息不对称）与社会不公平的微观经济政策。从狭义上说，政府规制仅指政府依法干预市场经济中的微观经济。①

在世界上所有国家，传媒业（特别是广播电视业）一直都是政府重点监管的行业，其原因可归纳为：

一，传媒产品生产初始成本极高，但边际成本几乎为零，出于规模经济与范围经济的考量，传媒产业具有强烈的扩张冲动，都希望通过规模的扩张和范围的扩大获得更多的经济利润，这必然导致相互合并兼并后的垄断。没有监管与控制，无法阻止过度垄断对社会带来的损害。

二，传媒产品的"公共产品"特性使得政府对它必须进行保护和监管。"公共产品"概念最早由林达尔（Lindahl）于1919年提出，后萨缪尔森（Samuelson）指出其有两个"经典"特征：一是受益上的非排他性，二是消费上的非竞争性。根据公共产品的两大特征，我们可以将产品分为三类："纯公共产品"（同时具备两个特征）、"准公共产品"（只具备其中一个特征）和"私人产品"（不具备任何一个特征）。目前较为普遍的看法是传媒产品中既有纯公共产品，也有准公共产品。而一般认为，纯公共产品或准公共产品应由政府负责提供，或由企业在政府规制下提供。

三，传媒行业和其他行业最大的不同，在于它的外部性特征。"外部性"也称外在效应或溢出效应，主要指一个经济主体的活动影响其他主体的福利，但后者并未因此而承担成本或获得补偿，这种影响并不在有关各方以价格为基础的交换中发生，而是在市场交易之外发生。如果对其他主体带来的是福利损失（成本），可称之为"负外部性"；反之，如果给其他主体带来的是福利增加（收益），则可称为"正外部性"。传媒组织的外部性指传媒产品的成本和收益超出自身的边界而向外部"溢出"。传媒组织的正外部性表现为营造正确的舆论导向，传播健康的社会价值观和思想，宣传良好的社会道德规范等，为社会带来积极影响；负外部性则表现为提供错误的舆论导向，传播不健康的思想和

---

① 张红凤：《简论中国特色规制经济学的构建》，《光明日报》2006年1月24日。

社会价值观,对社会道德产生消极的影响,为社会带来许多负面效应。正是传媒行业存在的外部性,导致了政府必然对传媒行业进行监管,从而保证传媒舆论宣传导向的正确性,提高传媒业的社会效益。

四,对于广播电视产业而言,其自然垄断性更是政府监管的重要依据。广播电视产业要占用稀缺资源(如无线电波频谱资源的有限性、传输设备的高昂成本),难以通过市场体系形成有效的资源配置,被认为具有自然垄断市场特征。因此,对作为自然垄断市场的广播电视产业,必然地要求政府的"行政之手"来监管。

由于传媒行业与一般行业存在着极大的不同,传媒组织治理不仅是传媒组织自身的事情,政府也应积极发挥作用。政府治理主要体现于其经济调节、市场监管、社会治理和公共服务功能的发挥。

一,拟定传媒组织治理结构改革的方向。从我国传媒组织治理结构变迁历程看,不管是"事业单位,企业化管理"、放权让利、集团化,还是现代企业制度的治理结构改革,都在党和政府的直接引导下进行。因此,在当前传媒组织致力建设现代企业治理结构阶段,党和政府更应该坚定信念,指引传媒改革朝着日益深入的方向发展,积极推动传媒产权改革与现代企业制度的建立。

二,建立竞争性的传媒市场体系。政府可以为传媒组织治理建立具有竞争性的市场体系,政府则不仅是健康有效的市场体系的建立者,也是市场制度稳定运行的维护者。

现代企业制度是市场经济发展到一定阶段的产物,因此,健康且完善的市场体系在促进传媒组织治理向现代企业治理迈进的过程中扮演着非常重要的角色,是促进传媒组织治理发展完善的有效基础。市场体系对传媒组织治理的促进作用主要通过建立完善、具有竞争性的资本市场、经理人市场、产品市场,通过市场的制衡以达成对经营者的有效制衡来实现。

三,对传媒组织治理活动进行监管。良好的传媒组织治理离不开政府的监管,比如政府及时跟踪传媒组织的治理活动,对于其潜在的治理问题给予提醒和警告,以保证传媒组织治理健康有序的状态。如传媒组织的董事会玩忽职守给股东带来损失,传媒组织的管理人员做假账、向社会发布虚假信息以获取不当经济收入,侵占国有财产等治理问题与危机,有时需要政府以政策和法律的方式介入才能有效制止。

但是,政府也要注意介入的程度,有些职能完全可以通过"市场之手"或由传媒组织的内部治理机制来解决,政府就应该"放手"。政府对传媒组织治理的监管只应针对那些关乎传媒市场运作和监管目标的关键性和本质性影响的重大事宜，其他在传媒整体市场不具根本性影响的行为，可通过相关行政程序进行监管。

四，制定传媒组织治理的政策和法律。政府可以将传媒治理制度中具有普遍性的原则和规则上升为社会政策和法律。

一方面，这些治理政策和法律的颁布，使得传媒组织在治理过程中有章可循。另一方面，使传媒组织治理规则具有法律政策效力，也可以增加规则的强制性和约束力。有了这些上升到政策和法律层面的治理规则，传媒组织治理规则和管理制度就可以被用来解决那些具有普遍性的具体治理问题。因此，与传媒组织治理的相关法律法规的制订和颁布，并保证法律的有效实施是政府的一项重要任务。

（二）法律监管

传媒行业及其从业者，应该受到三个层面法律的制约：第一层面是国家的宪法，这是规范新闻传播活动的根本性依据；第二层面是一般法，它相对于宪法和专门的传媒法而言，是调整整个社会生活或者某一方面社会生活的社会关系的法律依据；第三层面是专门的媒体法是专门针对新闻传播活动与媒体行为的专门性法律。毋庸置疑，传媒组织治理同样应该受到这三个层面法律的制约，但是迄今为止，我国针对传媒组织治理的专门性媒体法却基本空缺。

建立与完善治理的相关法律法规是建立有效的企业治理机制不可缺少的一环。近年来，政府和监管部门也已经意识到了这一问题，并且制定了一些涉及企业治理的法律法规，如《公司法》、《上市公司章程指引》、《上市公司治理准则》。这些法律法规的出台为企业治理的发展与改进指出了明确的方向和目标，有利于现代企业治理结构的构建。

但是，相对于面向一般企业的公司法和企业法的相继颁布，针对传媒业这一特殊行业治理的法律法规几近空白。传媒组织相关立法的缺乏，一方面使得在某些需要特殊对待的环节，传媒组织无法可依；另一方面，又使得政府可以传媒组织的特殊性为借口，任意干预传媒运作而忽略法律的存在。

按照国际惯例，特殊企业和一般企业的立法是分开的。传媒组织是特殊类型企业，一般不适用公司法和企业法。因此，应从法律上认识传媒组织，特别是传媒组织的特殊性，将其与一般企业区分开来，出台针对传媒组织的特殊法律法规。对传媒组织进行特殊立法，是我国传媒组织建立现代企业治理结构的必要条件。

二、发展健康有序的传媒市场

在我国已经确立了社会主义市场经济体制的条件下,市场在资源配置中起着基础性的作用。因此,对于走上市场化道路的传媒组织而言,市场也就成为其治理的重要力量。

市场治理机制主要通过产品市场、人才市场(主要是经理人市场)和资本市场①这三个方面来发挥作用。

(一)产品市场

产品市场作为一种治理机制能对传媒组织产生有效的激励与约束作用,从而对其治理产生重要影响。主要体现在以下几个方面:

一是,在自由竞争的产品市场上,只有好的传媒产品才能被消费者认可接受,只有有效率的传媒组织才能生存并发展壮大。传媒组织之间的竞争,在很大程度上就是传媒产品的竞争,传媒产品的受欢迎程度也就成为考核传媒组织经营效率的重要指标。竞争性的产品市场可以提供有关传媒组织的经营状况和绩效的信息,便于利益相关者对传媒组织进行评估,然后通过利益相关者参与治理发挥作用,促使传媒组织进行相应的调整。

二是,自由竞争的产品市场还能对传媒组织的经营者产生有效的约束。如果传媒组织的经营者不努力,传媒组织就难以生产出具有竞争力的产品,失去市场份额甚至为市场所淘汰。而这种产品竞争失败意味着经营者(经理人)经营不善,从而会对同处自由竞争市场中的经营者造成影响,并由此激励与约束经营者行为。

传媒产品包括两个方面,其一是内容产品,其二是广告产品。相应地,传媒的产品市场也涉及两大市场:发行市场(内容产品的销售市场)和广告市场(广告产品的销售市场)。为了促进这两大市场有序健康的发展,首先是要建立多渠道的传媒产品交易市场,除全国性的广播电视节目交易会、广告产品推介会外,还需要建立更多区域性的、专业性的、日常性的、即时性的传媒产品交易渠道,还可借助互联网建立传媒产品的网上交易平台,使交易经常化与电子化。其次是要建立完善的传媒产品市场监管体系,如对发行量(收视率)的稽核制度,广告监测制度、审查制度、备案制度等,确保竞争的公正性与公开性,有利于维护行业秩序,使得传媒行业朝着有序、良好的方向发展。

---

① 在宏观经济学中,资本市场与产品市场、劳动力市场并列为三个主要的总量市场。

（二）经理人市场

经理人市场的建设与完善不仅可以解决经理人才的供给问题，更可以对经理人形成"外部监控"，有效控制经理人的道德风险：其一，成熟的经理人市场有数量众多的经理人共同竞争，这种竞争将会迫使经理人努力地经营管理企业与产品，以维持或是提高自身的竞争力；其二，经理人市场的信号显示和传递机制使得企业的经营绩效能在一定程度上反映经理人的人力资本价值，从而激励经理人努力工作，通过提高企业的绩效与价值来使自身的价值获得提升；其三，经理人市场具有自动记忆功能，经营者之前的经营管理业绩能通过一些方式呈现出来，于是，经理人会为了提高未来的预期收益而努力工作。

但是目前，我国传媒组织经理人供给不足，市场也不成熟。在我国传媒组织，多数董事和经理人员都不是通过竞争市场产生的，而是由党政主管部门考核任命。而且，对他们的考核指标多是从政治角度考量，却较少涉及对其经营能力的考察，这样既影响了实现政企分开的实现，也阻碍了经理人市场的形成。在这种体制下，很难建立起有效的激励与约束机制。

要解决这个问题，首先，是要取消传媒经营管理人员的行政级别，将传媒经营管理人员从官员体系中真正分离出来、脱离行政系统，逐步形成经理人市场。为此，要逐步将政府部门和党组织对经营管理人员的任命制改为董事会对经营管理人员的选聘制，同时将经营管理人员的激励方式从行政级别上的升迁改为基于市场价值的激励机制，以发挥市场对传媒经营管理人员的配置作用。

其次，积极培育经理人市场，建立良好的传媒经营管理人员生成环境。一是建立规范的经理人市场进入机制，要对传媒经理人市场的相关信息包括传媒组织的信息及传媒经营管理人员的相关信息进行严格的审核，建立有效的信息披露机制，保护传媒组织与传媒经营管理人员交易双方的权益。二是打破地区区隔，建立全国性的传媒经理人市场，促进传媒经营管理人才的合理性流动。三是建立具有公信力的传媒经营管理人员评荐标准，将定性考核与定量考核相结合，传媒组织考核与利益相关者（如行业组织、专家学者）评估相结合，逐步建立起科学系统的考核与评价制度。

（三）资本市场

对于传媒组织而言，资本市场的重要性不言而喻。曾有学者这样描述它们之间的关系："打通传媒与资本市场的通道，建立一种合规的传媒资本关系，是社会主义市场经济的内在要求，也是传媒业体制改革进入企业转制阶段后必须解决的问题。"①

　　资本市场对于传媒组织治理的重要意义主要体现在以下两个方面：一方面，传媒组织可以借助资本市场的力量建立起符合市场经济要求的规范的治理结构。我国传媒组织延续了近三十年的"事业单位，企业化管理"的管理体制，这种制度长期运行已经形成体制依赖并产生严重的惰性，阻碍了新制度的生长与建立，从某种意义上来说，单纯依靠内生的力量难以冲破这种惰性与阻力。于是，资本的引入有助于改变传媒组织的股权结构，重新建立规范的法人治理结构，从而解决内部改革的难题。

　　另一方面，健全的资本市场（包括控制权市场与证券市场）是一个具有集综合性动态性于一体的评价"信号"的竞争性市场，不仅能够反映当前的企业经营信息，还能反映投资者对企业未来发展的预期，这些都可以对传媒组织治理形成有效的监督与制约。控制权市场的治理作用主要表现为通过企业间兼并收购所导致的控制权转移，形成对企业董事长及董事会成员、经营管理者的约束。证券市场则是通过股票价格的变动来反映投资者对企业业绩的看法，并对经营管理者形成有效制约。如果投资者满意于企业业绩且看好发展前景，则股票价格往往上涨；如果投资者不认可企业的经营状况则会抛售股票，造成股票价格下跌，从而强迫董事会与经营管理者改善公司经营，甚至是迫使企业改组、调整经营战略或更换经营管理人员。因此，资本市场强大的信号显示机制对传媒组织的经营运作可形成有效的外部制约。

　　因此，认识与完善资本市场在传媒治理中的作用，对于传媒组织治理而言是至关重要的。首先，资本市场对于传媒组织治理具有积极作用。尽管不少人担忧国有资本之外的其他资本进入传媒组织后，对传媒舆论导向与传媒组织发展取向会产生负面影响，但是我们也应认识到资本并非洪水猛兽，可以通过相关政策与制度设计来避免其他资本的进入可能给传媒组织带来的不利局面，比如通过资本的分类进入，将国外资本、民营资本、业外国有资本和业内国有资本予以区分，并结合传媒组织中经营业务和新闻采编核心业务与需融资部分的关系亲疏来设置这些不同性质的资本进入传媒组织的方式。

　　其次，还要开辟安全有效的投融资渠道，鼓励各类合格的社会资本投资传媒业。除确定为公益性文化事业的传媒组织的资本投入仍由国家承担外，划转为经营性文化产业部分的传媒组织在"自主经营、自负盈亏"的同时，也要充分利用资本市场，积极主动的寻找与接纳其他资本。

---

① 朱学东、景延安：《叩问传媒资本市场》，《传媒》2004 年第 9 期。

目前政策上已经允许传媒组织经过批准后可以在确保国有资本绝对控股或相对控股的前提下向业内外国有资本及社会资本融资。十六届三中全会也明确提出"清理和修订限制非公有制经济发展的法律法规，消除体制性障碍"。传媒领域中，一些边缘性的、意识形态属性不强的非时政类媒体（如科技类、娱乐类媒体）在其转制过程中，可以考虑在国资控股的前提下引入包括民营资本在内的社会资本，完成股份化改造。最终在传媒产业中以形成以国有资本为主导的混合经济结构①，各种传媒组织作为平等的市场主体参与公平的市场竞争。

再者，也要通过完善的证券市场实现对传媒组织治理的监督作用。这既有赖于整个资本市场的不断完善与规范，也期望政府放宽对传媒组织上市的限制。如，对意识形态较弱的传媒组织可实现采编业务和经营业务的整体上市，从而增强证券市场在传媒组织治理中的积极作用。

三、重视社会力量的监督制约

政府与市场是传媒组织治理的重要外部治理力量，但社会不应忽视传媒组织的治理作用。重视社会治理的原因主要有两个方面：其一，社会力量对可能出现的"政府失灵"与"市场失灵"的有效纠正作用；其二，传媒组织具有多元化的治理目标，包括政治目标、经济目标和社会目标（公共利益目标），尤其是社会公共利益目标，更需要来自传媒组织外部的社会力量的监督与制约。

（一）社会民众的监督

民众监督是最具社会普遍性的对传媒组织进行监督形式。我国是社会主义国家，人民是国家的主人，任何社会民众都可以广泛参与监督传媒组织。

在实践中，民众监督往往通过各种新闻中介和社会舆论督促传媒组织自我监督、自我约束、自我改善机制，沿着健康的方向发展。我国不少传媒组织内部的"留言版"和"读者反馈"就属于民众监督性质。

不少传媒组织还主动邀请民众对新闻舆论进行监督。2004年初，江西省委宣传部、省记协决定在全省范围内公开聘请100名新闻工作社会监督员，颁发聘书，两年一聘，并对优秀社会监督员给予奖励。监督员的主要职责是：对省内各类新闻传媒和新闻工作者实行全方位监督，包括新闻传媒的舆论导向是否正确、报道内容是否真实、广告经营和报刊发行是否规范、新闻工作者职

---

① 朱学东、景延安：《叩问传媒资本市场》，《传媒》2004年第9期。

业精神和职业道德的优劣表现等①。

　　而且,随着社会发展、法律意识增强与法制不断健全,社会民众也逐步从被动的传媒消费者转变为主动的传媒监督者,社会民众运用法律对传媒组织进行监督也是社会民众对传媒组织发挥治理作用的一种重要方式,主要表现为公众对传媒组织的司法诉讼,也称为"新闻官司"。近年来,随着法律的逐步完善、法制观念的深入人心,新闻官司也成为日益凸显的一大现象。据有关资料统计,我国自 1985 年发生第一起新闻官司以来,至今已有 1000 多名记者成为被告、300 多家媒体被推上被告席,在众多新闻官司中,多以新闻传媒和记者的赔礼道歉或败诉而告终②。其实,无论这些新闻官司中,传媒组织是胜诉还是败诉,都可以促进传媒组织依法运作。

　　(二)各种相关组织的监督

　　除了分散的、匿名的社会民众可以通过各种方式对传媒组织进行治理之外,各种传媒相关组织也可以对传媒组织治理产生很好的监督和制约作用。

　　其一是中介组织对传媒组织的监督。这些中介组织是政府管理传媒组织的重要补充,受政府委托成立但又独立于政府,诸如发行量(收视率)的稽核机构,传媒公信力评估机构等。目前,这一类机构在我国几近于无,有待建设。

　　其二是传媒行业组织对传媒组织治理的规范作用,比如记者协会、新闻协会。目前中国国内最大的新闻行业组织是中华全国新闻工作者协会(简称中国记协)。中国记协拥有包括中央新闻单位、各省级记协及专业记协等在内的两百多家团体会员和 16 个下属社团。中国记协先后制订了《中国新闻工作者职业道德准则》、《禁止有偿新闻的若干规定》,受理有关记者违反职业道德的社会投诉,并制定各种职业道德准则和行业规范公约,对传媒组织及其从业人员的行为进行规范和监督。

　　其三是由民间发起的民间传媒监督组织。这一类组织在西方是监督新闻传媒的一种重要力量,它们积极地进行媒介批判和监督并鼓励公众的介入和参与。如美国的 FAIR(Fairness & Accuracy In Reporting),作为新闻传媒监督组织,其目标是维护媒介的多样性、多元化及保证公共利益的实现。它对全国性的新闻组织进行监督并定期出版调研报告,此外还积极开展大众化的媒

---

　　① 罗春林:《江西将聘百名"新闻工作社会监督员"》,《经济晚报》2004 年 3 月 23 日。
　　② 唐鞠霜、林纪新:《我国舆论监督及维权的历史回顾与现状分析》,《今传媒》2012年第 7 期。

介教育,并保持与全国新闻从业人员的沟通与对话。[①] 相较于西方民间传媒监督组织的蓬勃发展,我国的此类组织却是相当少见的,仍需有志之士积极推动此类组织的建设与发展。

（三）文化道德的规范与影响

康德曾经说过:"世界上最奇妙的两种东西长期震撼我的心灵,那就是我们头上浩瀚的灿烂星空和我们心中神圣的道德准则。"道德准则在我们社会生活中起着重要作用,在维系社会正常运作中发挥着重要作用,也是规范传媒组织治理不可忽视的维度。

文化道德的治理作用主要是通过那些预定俗成的理念目标、价值观念、道德伦理、行为规范等思想文化力量,对传媒组织的活动产生影响。

一方面,高尚与正确的道德观念和价值理念会引导传媒经营者与从业者认真履行职责、坚守职业道德,并自觉维护传媒组织利益;另一方面,具备崇高道德观念的传媒经营者与从业者既会对自己的不当行为进行自我审视与约束,也对他人的不当行为进行批评与监督,从而对自己及他人的行为形成制约。因而,建立传媒经营者与从业者的职业道德规范、提高传媒从业者的文化与道德素养以及推行传媒素养教育,都能改善道德因素对传媒组织的治理作用。

另一方面,文化同样也是对传媒组织进行治理的一个有效力量,它通过传媒组织治理文化所形成的"治理软环境"对传媒组织治理产生潜移默化的影响。传媒组织的治理文化主要指传媒组织在其发展及运作过程中所形成有关传媒组织治理的共同理念与目标、治理规范等。

我国传媒组织治理模式的构建不能忽视其治理文化的建设与发展,治理文化可通过共同治理理念与认知的塑造对传媒组织治理形成"软约束"。但目前我国传媒组织治理结构的改革,往往更注重有形的制度框架建设,而忽略无形的治理文化培育。因此,对于传媒组织而言,治理文化的建设任重而道远。

首先,要树立现代企业治理观念。我国传媒组织既有治理结构架构在整体上与现代企业治理结构"形似而神不似",很大程度上是由于"官本位""行政级别"等陈旧的治理观念依然禁锢着我国传媒组织治理扬弃陈旧传统的治理理念、汲取现代企业治理理念对于传媒组织治理结构创新及发展极为重要。因此,传媒组织必须建立以实现普遍的利益均衡和有效的权利与责任制衡为

---

① 杨国强:《美国的媒体监督组织》,《中国记者》2002年第10期。

目标的现代企业治理理念。

其次,继承我国传统文化的精华部分,推动具有中国特色的现代传媒组织治理文化的形成。我国传统文化中有不少可以应用于企业治理的思想精粹,如"以人为本""忠于社会""诚信"等(见表 6-2)既符合当下利益相关者治理理念的发展趋向,也能引导企业朝着健康的方向发展。而传媒组织治理更应汲取传统文化的精华,以促使传媒组织的社会目标、经济目标和政治目标等多重治理目标的实现。

表 6-2　中国优秀传统文化与企业治理文化内容对照表

我国优秀传统文化	现代企业治理文化
1. 忠君,忠于社会	对企业忠诚,对股东、董事会负责
2. 仁、义、礼、智、信	重承诺,守信义,"先义后利"
3. "和","和也者,天下之达道也"	理顺股东、董事会、经理层、利益相关者关系
4. 诚信	诚信
5. "故贵以贱为本,高以下为基"	人本管理
6. "功遂身退,天之道也"	抵制英雄主义,防止自我膨胀,适可而止
7. "人无远虑,必有近忧"	战略观

资料来源:朱燕空、孙班军、薛永基:《试论我国公司治理文化》,《河北企业》2005 年第 11 期。

结　语

　　改革开放以来，我国传媒组织经历了诸多改革，从广告发行重启所带动的经营分配环节突破，到采编与经营剥离所推动的内部运作机制改革、再到报业集团、广电集团组建所引发的产业结构嬗变，最后是新世纪以来对培育市场主体的强调，中国传媒的市场化程度随着改革的深化而日益加深。特别是随着2003年文化体制改革的启动，建立现代企业制度便成为传媒转企改制改革的主要目标。而实现这一主要目标的核心即是传媒组织治理结构的建设。

　　在此背景下，本书从企业治理理论的角度出发，借鉴利益相关者研究的相关理论成果对我国传媒组织治理结构的创新进行积极探讨和深层思考，提出"股东主导下的利益相关者参与治理模式"，这是对于传媒组织治理结构制度安排的一个全新探索。一方面，将企业治理理论特别是利益相关者理论引入传媒领域，是从新视角对传媒组织治理结构创新的重新审视。另一方面，超越企业研究的边界，将企业治理理论与传媒组织的独特属性相结合，从而有选择地应用于传媒研究领域，也是企业治理理论应用范围的拓展与创新。

　　希望本书的相关研究成果能给处于改革攻坚阶段的传媒组织提供理论参考，也希望本书能对传媒治理研究起到一定的推动作用。

一、主要研究结论

　　本书在对传媒组织所依存的传媒制度的起源与特殊性，传媒组织治理的变迁历程、当前传媒组织治理的优势与困境进行分析研究的基础之上，将企业治理理论特别是利益相关者理论引入传媒组织治理结构的研究领域，论述了传媒组织治理结构创新的制度环境所需的制度前提、传媒组织治理结构创新的基本思路及具体构建等问题。主要研究成果如下：

　　（一）传媒组织治理结构变迁历程的梳理与分析

　　以历史的眼光来看，我国现行的传媒组织治理结构是我国传媒组织不断变迁发展而形成的。然而，无论是传媒组织治理结构的变迁研究还是对当前众多形态各异的传媒组织治理结构的归纳分析,在现有传媒治理研究中均鲜少见到。

本书对我国传媒组织治理结构的形成背景及其变迁历程的系统阐述,有助于把握传媒组织治理结构的逻辑线索和发展趋势,和全面理解我国现行传媒组织治理结构。

1. 本书在追溯中国传媒制度起源的基础之上,对传媒组织治理结构变迁历程进行了梳理,认为中国传媒组织治理结构变迁可主要分为三个时期:1949年至1978年的高度政治化的行政领导体制时期,1978年至2003年对行政型治理结构的改革时期,以及2003年之后进入现代企业治理结构初建时期。从变迁的整个过程来看,来自于传媒组织自发形成的诱导性变迁推动着中国传媒组织治理结构的不断革新,但总体上说,传媒组织治理结构仍是由政府作为主导来进行制度选择与制度变革的,传媒组织治理结构变迁离不开政府的"行政之手"的推动。我国传媒组织治理结构变迁过程是由传媒组织自发创新与政府主导推动的一种"上下合谋"式的制度变迁过程。

2. 本书对传媒组织治理结构的现状进行了剖析。在2003年开始的文化体制改革的背景之下,大量的传媒组织都开始积极探索如何将党委领导和法人治理结构相结合,架构符合市场运作规律的现代企业体系,并在此过程中形成几种主要的治理模式。当前,报社初步形成了"社长领导下的编委会和经委会负责制"的广东模式、"党委领导下的社长负责制"的上海模式、"一社两制三系统"的大众报业模式以及"董事会和党委会双重领导"的保险报业模式等四种模式;广电机构初步形成了"董事会领导下总经理负责制"的湖南模式、"党委领导下总裁负责制"的上海模式、"党委领导下的管委会负责制"的北京模式、"党委领导下的管委会、编委会分工负责制"的浙广模式以及"董事会和党委会双重领导制"的牡丹江模式等五种模式。

这些治理结构共通的特点即是"强行政、弱产权"。这种"强行政、弱产权"下的传媒组织治理结构在宣传功能发挥上发挥了积极作用,确保了传媒组织作为舆论导向与政治宣传工具的正确性。但这些优势仍难掩盖这种治理结构存在的诸多弊端和缺陷,主要体现在内部治理中的治理主体不明确、治理机制不健全和治理目标的偏差,外部治理中的传媒市场不健全、对政府的极强依赖和相关法律法规尚未形成体系。

(二)"股东主导的利益相关者参与治理"模式的提出

在我国传媒组织治理结构的已有研究中,研究者总是试图在对其他国家传媒组织治理模式总结比较的基础上建立一个理想的治理模式,而忽略了治理结构是历史发展和制度环境下的产物，因此，提出的政策建议难以契合我国传媒实践的现实需求。

本书在对企业治理理论的两大理论流派及发展趋向清晰认知，以及对我国传媒组织治理结构的历史脉络与现实状况准确把握的基础上，提出"股东主导的利益相关者参与治理"新模式是我国传媒组织治理结构的制度创新较为切实可行的发展路径。

1. 企业治理理论是研究传媒组织治理结构的重要理论基础。对企业治理内涵论述众多，概括而言，企业治理结构是一整套影响公司管理者及协调利益相关者的权、责、利的制度系统，既包括股东会、董事会、经理层、监事会等机构的设立和运作，又包括政府、市场与社会等力量对企业的外部治理。根据不同的治理目标模式，可将企业治理理论梳理为两大主要理论流派："股东至上"理论和"利益相关者"理论。"股东至上"理论只强调股东的治理作用，与企业治理是为股东利益最大的服务；利益相关者理论则主张在多元社会中寻求一种普遍的利益均衡。

尽管股东至上理论目前仍是英美国家的主流企业理论，但是近些年的理论研究和企业实践也显露出它理论上的不足和实践中的缺陷。特别是20世纪60年代始，股东至上理论赖以生存的社会经济环境发生了巨大变化，股东至上理论难以解释和解决企业面临的许多新的问题，于是利益相关者理论在对股东至上理论的批判与修正中逐步发展起来。在近半个世纪的研究探索之中，利益相关者理论的研究经过大量研究者的共同努力，形成了比较完善的理论框架，代表了企业治理的发展趋势。

2. 本书基于企业治理理论的发展趋向与中国传媒组织的特殊性，在理论层面，正视股东至上模式所会引发的治理困境、重视利益相关者模式的修正作用的情况下，对两大模式的特点、优点甚至弱点予以分析；同时在现实层面，对当前的政治、经济、文化体制进行现实观照，作为中国传媒组织治理结构创新的制度背景与制度前提。在此基础上，努力构建一个适合我国国情的传媒组织治理模式。

(1) 在我国传媒三十年的改革发展中，传媒组织治理结构实质上一直沿袭着"股东至上"的治理逻辑。传媒组织的现存治理困境，如政企政事不分、内外部人控制等，均与其"股东至上"的治理逻辑有着莫大关联。因此，在传媒组织治理结构的构建中导入利益相关者理论就成为达成传媒改革目标、建立现代企业制度的现实选择与可行途径。

(2) 进行传媒组织治理结构创新的制度前提有二：一是通过分类改革将公

益性传媒事业与经营性传媒组织分开;二是对经营性传媒组织进行产权改造。在此制度前提下,对转制为企业的传媒组织,特别是具有双重主体身份(事业法人性质的集团与企业法人性质的集团公司)或兼具事业部分与企业部分的传媒集团构建合理的治理结构。

(3)"股东主导的利益相关者参与治理"的新模式既坚持了党的领导与传媒组织治理结构结合的基本原则,又考虑到中国传媒组织治理结构变迁历程中所呈现出的制度调整与路径依赖的互动性,还融合了两大主流治理理论的优势作为理论支撑。

(三)传媒组织治理新模式的具体构建

在建立"股东主导的利益相关者参与治理"的新模式的基本思路的指引下,本书对转制为企业的传媒组织(特别是具有双重主体身份或兼具事业部分与企业部分的传媒集团)的利益相关者分类进入、内部治理机制和外部治理机制进行了具体分析与设计,努力构建一个适合我国国情的传媒组织治理新模式。

(1)在新模式的具体设计之中,传媒组织利益相关者的界定与分类是其核心问题。本书采用米切尔评分法对传媒组织利益相关者进行界定与分类,根据这种划分方法,传媒组织的利益相关者可分为三种类型:一是确定性利益相关者、预期性利益相关者和潜在的利益相关者。在传媒组织内部治理结构的安排中,传媒组织的治理主体应当包括与传媒组织有着密切的利害关系的确定性利益相关者与预期性利益相关者。其中确定性利益相关者享有决策、激励和监督其他利益相关者的权利,预期性利益相关者具有监督确定性利益相关者的权利。换言之,就是在侧重考虑确定性利益相关者的利益的同时,兼顾预期性利益相关者的利益,达成一种选择性的利益平衡。

(2)在内部治理机制的设计上,传媒组织要根据权力机构(股东会)、决策机构(董事会)、执行机构(经理层)与监督机构(监事会)相互独立、相互制衡和相互协调的原则,建立股东会、董事会、管理层、监事会及党委会、职工代表大会、工会的合理交叉任职并具有均衡有效的激励约束机制的内部治理机制。

首先,传媒组织中的党委会主要是起到领导核心与政治核心的作用,为避免由于职权重叠而造成的党组织与股东会、董事会、监事会和经理层的冲突和由此引发的治理结构中的职责不清、决策混乱,但又能确保党组织对传媒组织的领导,党组织参与传媒组织治理应采取"双向进入、交叉任职"。

其次,在内部治理结构的架构上,首先,在股东大会的运作中,不仅仅要体现国有股东(政府及其代理机构)的意见,还要尊重其他参股股东的意愿。其次，在董事会的构成中，股东派出董事，经营管理者选派执行董事，职工选举职工董事这些确定性的利益相关者必然地要纳入到其成员构成中，此外还要考虑其他预期性利益相关者的利益。再次，监事会的成员构成应以预期性利益相关者为主，确定性利益相关者为辅，由政府及其代表部门以及其他股东委派的代表，传媒组织的职工代表、还有有关专家、受众等共同组成，以维护各方利益均衡，这也符合传媒组织利益相关者共同参与企业治理的本质要求。最后，传媒组织经理层的制度安排应采用党委会和董事会双重领导下的编委会与经委会分工负责制。

然后，完善传媒组织的激励和约束机制的主要方法是，设计多元化和激励性的报酬制度，建立薪酬与传媒组织效益和个人业绩相联系的激励机制，将短期性和长期化的经营策略相结合，实现稳健经营和创新发展的协调。

（3）对于要建立股东主导的利益相关者参与治理模式的传媒组织而言，外部治理机制作用的发挥同样是利益相关者参与治理的重要方式，是治理结构制度安排不可忽视的重要维度。市场治理、政府治理和社会治理等构成传媒组织的外部治理机制，这些外部机制和内部机制共同构成传媒组织治理的基本内容。

政府治理具体可以分为政府监管和法律监管两部分。政府监管主要通过拟定治理结构改革的方向、建立竞争性的市场体系、对传媒组织治理活动进行监管、制定传媒组织治理的相关政策和法律来实现。在法律监管层面，更为重要的是对传媒组织特殊性的关注，对传媒组织进行特殊立法。

在市场经济体制的条件下，市场是基础的资源配置方式。所以，对于走上市场化道路的传媒组织而言，市场也理所当然地成为其治理的重要力量。市场治理机制主要通过产品市场、人才市场和资本市场这三个方面来发挥作用。

社会治理是通过社会各种力量的合力对传媒组织形成监督与制约，主要通过社会民众的监督、各种相关组织的监督、文化道德的规范与影响等来达成。

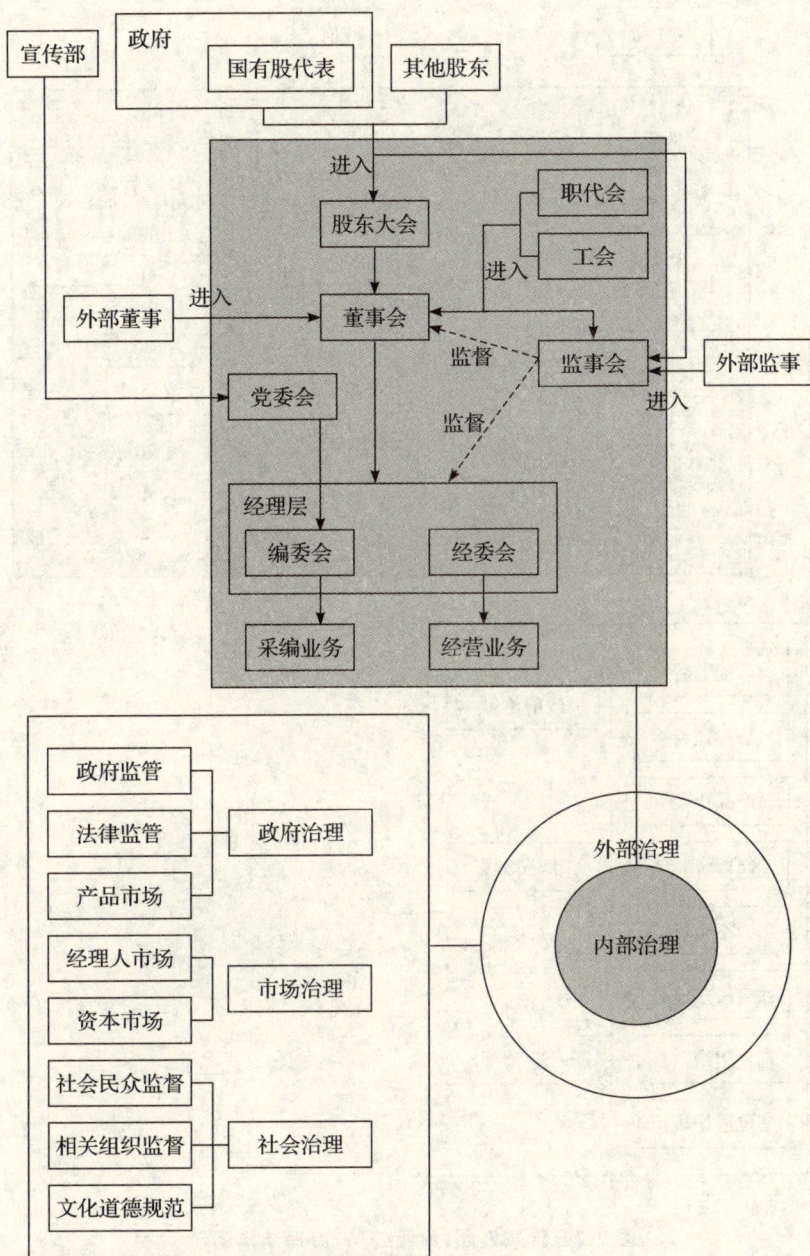

图 7-1 传媒组织（企业）的治理结构图示

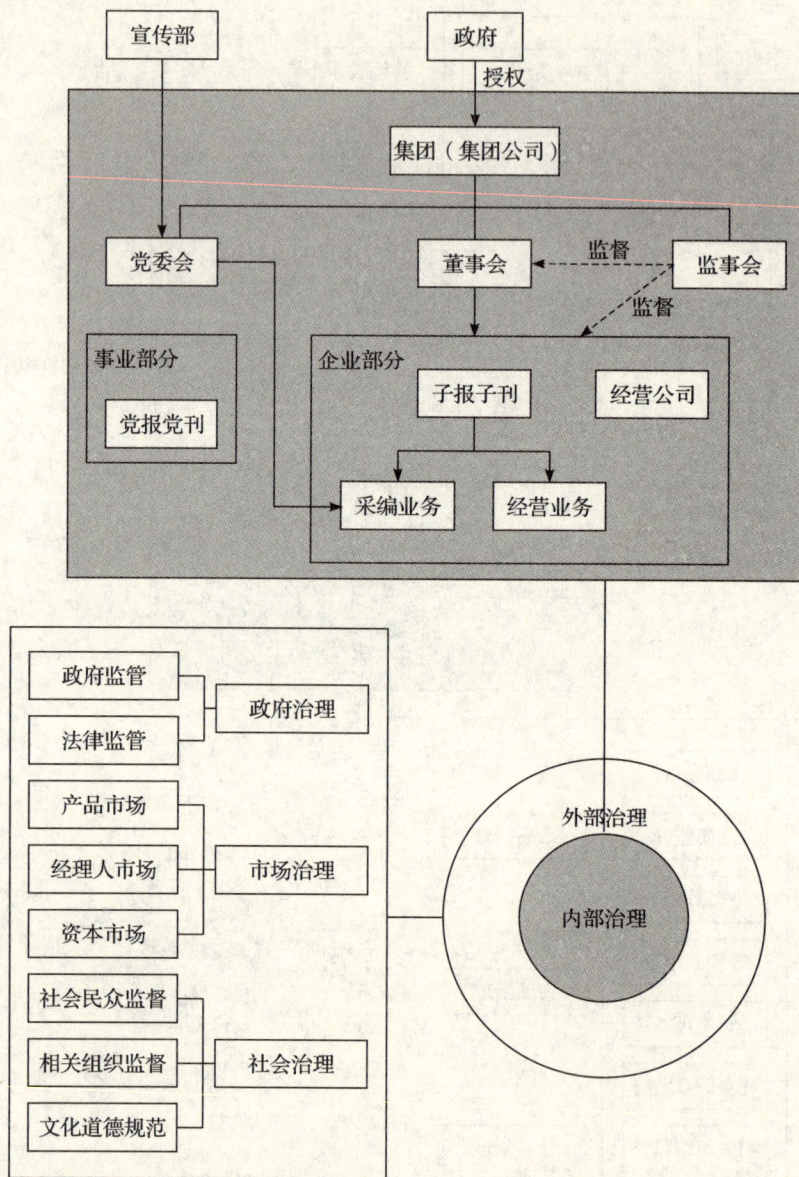

图 7-2　传媒集团（集团公司）治理结构图示

二、研究展望

基于利益相关者参与治理的角度对传媒组织治理结构问题进行研究，是一项颇具挑战性的尝试。这不仅是因为利益相关者治理理论本身还有很多欠缺之处，仍处于发展和完善之中，而且对中国传媒组织治理结构进行系统研究的文献也并不多见。

本书尝试着在此方面做出一些探索，但由于论文篇幅、所获资料、时间与资金等方面的限制，对某些问题尚未进行深入与细致的研究，在此后的研究中有待进一步探讨。

（1）文化体制改革提出将传媒分为公益性文化事业和经营性文化产业，由于"治理结构"的适用范围多限于企业的制度安排，故本书对传媒组织治理结构创新的研究范畴只限于转制为企业的传媒组织，特别是具有双重主体身份（事业法人性质的集团与企业法人性质的集团公司）或兼具事业部分与企业部分的传媒集团，而对纳入到公益性文化事业的传媒事业单位并未深入涉及。因此，关于传媒事业单位，如何去构建一个有效的事业单位运行机制有待研究。

（2）在对转制为企业的传媒组织治理结构的研究中，虽然提出了股东主导的利益相关者参与治理模式，但本书只是构建了一个初步性的框架，对一些相关内容的研究还有待进一步充实，如利益相关者参与治理的成本和效率问题以及内外部治理的互动机制等方面都有待深入研究。

（3）本书提出的股东主导的利益相关者参与治理模式，其基本构架和具体制度的设计主要是基于对现有理论资料和传媒组织现实治理困境的分析归纳，由于传媒体制改革仍处于不断推进之中，对传媒组织治理结构中许多问题的讨论只能提出理论建议而缺乏足够的实践检验。这些想法与设计在传媒组织治理实践中可能遇到的问题及衍发出不适应性都有待于将来的修正与调适。

参考文献

中文部分

[1]（美）布莱尔著，张荣刚译：《所有权与控制：面向 21 世纪的公司治理探索》，中国社会科学出版社 1999 年版。

[2]曹鹏：《中国报业集团发展研究》，新华出版社 1999 年版。

[3]曹鹏：《中国媒介前沿：来自市场的观察报告》，新华出版社 2003 年版。

[4]曹鹏，王小伟：《媒介资本市场透视》，光明日报出版社 2001 年版。

[5]程小萍：《媒体知识管理》，光明日报出版社 2007 年版。

[6]常永新：《传媒集团公司治理》，中国传媒大学出版社 2006 年版。

[7]陈国恒：《国有产权制度改革研究》，中国社会科学出版社 2004 年版。

[8]丁和根：《中国传媒制度绩效研究》，南方日报出版社 2007 年版。

[9]邓正来、（美）J.C 亚历山大编：《国家与社会：一种社会理论的研究路径》，中央编译出版社 2002 年版。

[10]邓荣霖等：《现代企业组织制度》，中国人民大学出版社 1998 年版。

[11]费方域：《企业的产权分析》，上海三联书店，上海人民出版社 1998 年版。

[12]（美）菲吕博顿、瑞切特著，孙经纬译：《新制度经济学》，上海财经大学出版社 1998 年版。

[13]方晓霞：《中国企业融资：制度变迁与行为分析》，北京大学出版社 1999 年版。

[14]辜晓进：《美国传媒体制》，南方日报出版社 2006 年版。

[15]郭道久：《以社会制约权力：民主的一种分析视角》，天津人民出版社 2005 年版。

[16]（美）哈罗德·德姆塞茨著，段毅才译：《所有权、控制与企业——论经济活动的组织》，经济科学出版社 1999 年版。

[17]何玉长：《国有公司产权结构与治理结构》，上海财经大学出版社

1997 年版。

[18]韩志国、樊纲、刘伟、李扬:《中国改革与发展的制度效应》(上下册),经济科学出版社 2000 年版。

[19]黄升民:《广电媒介产业经营新论》,复旦大学出版社 2005 年版。

[20]黄升民、丁俊杰:《媒介经营与产业化研究》,北京广播学院出版社 1997 年版。

[21]贾和亭:《法人治理结构:分权与制衡》,福建人民出版社 1995 年版。

[22]金碚:《报业经济学》,经济管理出版社 2002 年版。

[23](日)今井贤一等著,金洪云译:《内部组织的经济学》,北京三联书店 2004 年版。

[24]经济合作与发展组织:《OECD 公司治理原则》,中国财政经济出版社 2005 年版。

[25]经济合作与发展组织:《OECD 国有企业公司治理指引》,中国财政经济出版社 2005 年版。

[26]李维安:《公司治理学》,高等教育出版社 2005 年版。

[27]李维安:《现代公司治理研究——资本结构、公司治理和国有企业股份制改造》,中国人民大学出版社 2002 年版。

[28]李增泉:《国家控股与公司治理的有效性》,经济科学出版社 2005 年版。

[29]刘成付:《中国广电传媒体制创新》,南方日报出版社 2007 年版。

[30]刘大可:《出资者主导下的利益相关者论》,经济科学出版社 2005 年版。

[31]刘丹:《利益相关者与公司治理法律制度研究》,中国人民公安大学出版社 2005 年版。

[32]刘俊海:《公司的社会责任》,法律出版社 1999 年版。

[33]刘小玄:《中国转轨过程中的产权和市场》,上海三联书店 2003 年版。

[34]卢恩光:《中国报业集团治理探析》,华夏出版社 2007 年版。

[35]梁能:《公司治理结构:中国的实践与美国的经验》,中国人民大学出版社 2000 年版。

[36]梁小民:《西方经济学导论》,北京大学出版社 1993 年版。

[37]廖理主编:《公司治理与独立董事最新案例》,中国计划出版社 2002 年版。

[38]林毅夫、蔡昉、李周:《充分信息与国有企业改革》,上海人民出版社 1997 年版。

[39](美)路易斯·普特曼、兰德尔·克罗茨纳著,孙经纬译:《企业的经济

性质》，上海财经大学出版社 2002 年版。

[40]（德）马克斯·韦伯著，林荣远译：《经济与社会》（上），商务印书馆 1997 年版。

[41]马建堂、刘海泉：《中国国有企业改革的回顾与展望》，首都经济贸易大学出版社 2000 年版。

[42]茅于轼：《中国制度变迁的案例研究》（第一辑），上海人民出版社 1996 年版。

[43]（美）庞德著，沈宗灵、董世忠译：《法律的任务》，商务印书馆 1988 年版。

[44]彭永斌：《传媒产业发展的系统理论分析》，西南财经大学出版社 2004 年版。

[45]（法）皮埃尔·布迪厄、（美）华康德著，李猛、李康译：《实践与反思：反思社会学导引》，中央编译出版社 2004 年版。

[46]（美）乔治·斯蒂纳、（美）约翰·斯蒂纳著，张志强、王春香译：《企业、政府与社会》，华夏出版社 2002 年版。

[47]钱伟荣：《国有企业产权改革研究》，经济管理出版社 2003 年版.

[48]（日）青木昌彦，钱颖一：《转轨经济中的治理结构》，中国经济出版社 1995 年版。

[49]（日）青木昌彦、奥野正宽著，魏加宁译：《经济体制的比较制度分析》，中国发展出版社 1999 年版。

[50]（日）青木昌彦著，周黎安译：《比较制度分析》，上海远东出版社 2001 年版。

[51]（法）让-雅克·拉丰、大卫·马赫蒂摩著，陈志俊等译：《激励理论：委托一代理模型》，中国人民大学出版社 2002 年版。

[52]盛洪：《中国的过渡经济学》，上海三联书店，上海人民出版社 1995 年版。

[53]宋建武：《媒介经济学：原理及其在中国的实践》，中国人民大学出版社 2006 年版。

[54]上海证券交易所研究中心：《中国公司治理报告（2004）：董事会独立性与有效性》，复旦大学出版社 2004 年版。

[55]（美）斯坦利·布鲁著，焦国华、韩红译：《经济思想史》，机械工业出版社 2003 年版。

[56]沈天鹰：《国有企业治理结构畸形化及其矫正对策研究》，人民出版社 2004 年版。

[57]唐亚明、王凌洁：《英国传媒体制》，南方日报出版社 2007 年版。

[58]唐绪军:《报业经济与报业经营》,新华出版社1999年版。

[59]杨瑞龙主编:《国有企业治理结构创新的经济学分析》,中国人民大学出版社2001年版。

[60]杨瑞龙、周业安:《企业的利益相关者理论及其应用》,经济科学出版社2000年版。

[61](美)约瑟夫·E.斯蒂格利茨著,郭庆旺译:《公共部门经济学》(第三版),中国人民大学出版社2005年版。

[62]姚刚主编:《公司治理与股权激励》,广东经济出版社2001年版。

[63]喻国明:《传媒影响力》,南方日报出版社2003年版。

[64](美)Y.巴泽尔著,费方域、段毅才译:《产权的经济分析》,上海人民出版社1997年版。

[65]张殿元:《中国报业传媒体制创新》,南方日报出版社2007年版。

[66]张维迎:《企业的企业家一契约理论》,上海三联书店1995年版。

[67]张维迎:《企业理论与中国企业改革》,北京大学出版社1999年版。

[68]张维迎:《产权、激励与公司治理》,经济科学出版社2005年版。

[69]张五常:《经济解释》,商务印书馆2000年版。

[70]张军:《现代产权经济学》,上海三联书店1991年版。

[71]赵曙光、耿强:《媒介资本市场》,湖南人民出版社2003年版。

[72]赵万一:《公司治理法律问题研究》,法律出版社2004年版。

[73]支庭荣:《媒介管理》,暨南大学出版社2000年版。

[74]周劲:《传媒治理:理论与模式的中国式建构》,人民出版社2008年版。

[75]白津夫:《公司治理与国有企业改革》,《国有资产管理》2003年第10期。

[76]常永新:《传媒集团暴露公司治理缺陷》,《新闻记者》2006年第6期。

[77]常永新:《传媒集团产权制度改革的路径选择》,《新闻传播》2007年第2期。

[78]常永新:《中国传媒集团激励机制探索》,《新闻传播》2007年第7期。

[79]常永新:《传媒管制与传媒集团公司治理模式的构建》,《南开管理评论》2003年第1期。

[80]陈斌:《国有企业产权与治理结构问题研究》,哈尔滨工程大学2004年硕士论文。

[81]陈怀林:《九十年代中国传媒的制度演变》,《二十一世纪》1999年第53期。

[82]陈戈:《关于现代中国报业制度变迁一个理论解说》,汕头大学2004

年硕士论文。

[83]陈天祥：《论中国制度变迁的方式》，《中山大学学报》(社会科学版)
2001 年第 3 期。

[84]陈明明：《中国政治制度的价值结构：冲突与调适》，《社会科学研究》
2008 年第 2 期。

[85]储建国：《中国政治制度的三层分析》，《武汉大学学报》(哲学社会科
学版)2007 年第 6 期。

[86]程又中：《社会主义制度与资本主义制度：互动的由来和历史特点》，
《当代世界与社会主义》2002 年第 6 期。

[87]丁春贵：《基于利益相关者治理的公司监事会制度研究》，《安徽大学
学报》(哲学社会科学版)，2007 年第 3 期。

[88]邓汉慧、张子刚：《企业核心利益相关者共同治理模式》，《科研管理》
2006 年第 1 期。

[89]丁和根：《我国传媒经济成分和产权制度改革取向分析》，《新闻大学》
2007 年

[90]方方：《关注利益相关者使公司治理更完善——人民银行行长周小川
谈公司治理》，《中国经济导报》2006 年 5 月 30 日。

[91]富茜楠、陈卫萍：《利益相关者治理模式的修补功能》，《企业改革与管
理》2007 年第 6 期。

[92]范恒山：《推进经济体制改革：近期重点与思路》，《政策》2006 年 7 月

[93]范恒山：《三十年来中国经济体制改革的进程、经验和展望》，《经济研
究参考》2008 年第 49 期

[94]房宁：《中国特色社会主义民主政治发展道路——中国社会主义政治
改革若干思考》，《科学社会主义》2006 年第 3 期。

[95]郭一飞：《国有企业董事会治理相关问题研究》，东北财经大学 2005
年硕士论文。

[96]郭赫男：《我国传媒投融资体制的演变及其走向》，《新闻界》2004 年
第 4 期。

[97]郭鸿雁：《中国传媒经济增长研究——基于制度的视角》，《现代传播》
2008 年第 2 期。

[98]郭鹰：《公司治理文化对创新的作用探讨》，《贵州财经学院学报》2007
年第 1 期。

[99]黄玉波、张金海：《从"部分剥离"走向"整体转制"——当前中国传媒

产业体制改革趋向初探》,《新闻大学》2006 年第 3 期。

[100]黄芝晓:《媒体改革与经济体制改革》,《复旦学报》(社会科学版)2005 年第 4 期。

[101]韩永进:《我国文化体制改革的历程与新进展》,《出版参考》2005 年第 1 期。

[102]韩东升:《2006:文化体制改革全面破冰》,《领导之友》2006 年第 3 期。

[103]洪金镖:《公共产品提供与生产理论对电视媒介体制改革的启示》,《国际新闻界》2005 年第 5 期。

[104]胡元聪:《外部性视野下公共产品供给的经济法分析》,《天府新论》2008 年第 2 期。

[105]胡惠林:《论文化体制改革》,《开发研究》2005 年第 4 期。

[106]姜鑫:《利益相关者公司治理模式评析及启示》,《税务与经济》2005 年第 2 期。

[107]江虹:《论传媒经济系统的研究框架》,《新闻界》2006 年第 6 期。

[108]金哲夫:《股权结构和上市传媒公司治理》,《新闻界》2004 年第 6 期。

[109]金海平:《股东利益至上传统的颠覆——国外公司利益相关者理论评介》,《南京社会科学》2007 年第 3 期。

[110]匡绪辉、王俊强:《国有企业治理结构的制度化选择》,《江汉论坛》2005 年第 12 期。

[111]李维安、王世权:《利益相关者治理理论研究脉络及其进展探析》,《外国经济与管理》2007 年第 4 期。

[112]李维安、常永新:《中国传媒集团公司治理模式探析》,《天津社会科学》2003 年第 1 期。

[113]李香枫:《国有企业的公司治理与完善》,《兰州商学院学报》2007 年第 6 期。

[114]李艳玲:《对利益相关者参与公司治理的探讨》,《会计之友》2007 年第 04S 期。

[115]李伟:《基于资本治理理论的企业所有权安排——股东至上理论与利益相关者理论的逻辑统一》,《中国工业经济》2005 年第 8 期。

[116]刘其先:《国有控股公司职代会及工会融入治理机制初探》,《山东省工会管理干部学院学报》2004 年第 3 期。

[117]刘永高:《中国渐进式体制转型的非正式制度分析》,《湖北社会科学》2007 年第 1 期。

[118]刘西平、谌贻庆：《管办分离与报纸公司治理》，《前沿》2004年第6期。

[119]刘清：《论转型时期我国电视传媒业的制度创新》，湖南师范大学2006年硕士论文。

[120]刘洁：《中国媒介产业布局与产业区域联合》，《现代传播》2006年第3期。

[121]刘洁、胡君：《媒介产业增长极"孤岛现象"成因及解决路径》，《新闻与传播研究》2007年第3期。

[122]刘洁：《主导·协作·博弈——当代媒介产业与政府关系》，华中科技大学出版社2006年版。

[123]刘洁、胡君：《媒介产业增长极"孤岛现象"成因及解决路径》，《新闻与传播研究》2007年第3期。

[124]刘洁、金秋：《论我国报业市场化进程中政府行为的双重属性》，《新闻与传播研究》2001年第2期。

[125]刘俊：《我国传媒组织公司治理结构优化研究》，中南大学2005年硕士论文。

[126]李良荣：《从单元走向多元——中国传媒业的结构调整和结构转型》，《新闻大学》2006年第2期。

[127]李莉：《我国公司治理与治理文化的相关性分析》，《宿州教育学院学报》2006年第3期。

[128]李本乾、李彩英：《我国传媒产业发展的路径、目标及措施》，《新闻界》2006年第1期。

[129]李昊、聂应德：《政治制度的创新逻辑》，《内蒙古农业大学学报》（社会科学版）2008年第2期。

[130]李瑞青：《走中国特色社会主义民主政治建设之路的原因探析》，《新西部》（下半月）2008年第5期。

[131]骆正林：《传媒资本市场与我国媒体上市历程》，《现代视听》2007年第6期。

[132]林爱珺、童兵：《中国传媒产业化的法律前提——重塑传媒市场主体》，《新闻界》2005年第3期。

[133]梁利珍：《我国社会主义政治文明建设理论的确立及发展》，《黑龙江史志》2006年第5期。

[134]马红光、史晓燕：《双轨模式：文化体制改革的现实选择》，《新长征》2006年第8期。

[135]马二伟、袁静:《文化体制改革对传媒业的影响》,《新闻爱好者》2007年第12期。

[136]莫之许:《文化改革的中国逻辑——文化体制改革的逻辑》,《董事会》2007年第1期。

[137]毛爱武、何堤:《从文化背景看我国公司治理结构的完善》,《会计之友》2008年第29期。

[138]聂清凯、张彦波:《公司治理文化与企业竞争力:作用机理和形成路径》,《天津行政学院学报》2006年第4期。

[139]潘青:《我国国有企业治理结构存在的问题与改革思路》,福建师范大学2006年硕士论文。

[140]彭南林:《关于传媒集团经营与文化体制改革的几点思考》,《广播电视信息》2004年第7期。

[141]钱晓文:《传媒业发展需要解决的几个问题》,《新闻实践》2006年第2期。

[142]乔榛:《中国模式:中国经济体制改革的重要成果》,《学术交流》2008年第8期。

[143]邱仁富:《改革开放三十年我国文化体制改革论纲》,《甘肃理论学刊》2008年第4期。

[144]冉华、梅明丽:《中国传媒产业发展的现实困境——兼论文化体制改革背景下的传媒体制改革》,《武汉大学学报》(人文科学版)2007年第6期。

[145]任海云、李丽:《对利益相关者共同治理必然性的分析》,《中国管理信息化》(综合版)2007年第4期。

[146]申凡:《解放以来我国报业结构演变探析》,《新闻与传播研究》1999年第3期。

[147]孙旭培:《新时期10年我国新闻媒介的功能与运作》,《新闻与传播研究》1992年第2期。

[148]石群峰:《传媒组织治理结构研究综述》,《商场现代化》2006年第07Z期。

[149]石长顺、王琰:《广播电视媒体的政府规制与监管》,《中国广播电视学刊》2008年第1期。

[150]石义彬、周劲:《我国传媒治理结构的理论渊源与创新》,《武汉大学学报》(人文科学版)2006年第2期。

[151]石义彬、周劲:《转制改革下公益性传媒的治理结构创新》,《湖北社

会科学》2006 年第 7 期。

[152]孙文博、吴俊杰:《公用企业的利益相关者共同治理》,《技术经济与管理研究》2007 年第 1 期。

[153]唐月民:《电视产品的经济属性分析》,《现代传播》2008 年第 2 期。

[154]田克勤:《我国社会主义政治制度的特点和优势》,《江苏社会科学》2008 年第 1 期。

[155]王彤:《我国传媒集团的组建模式与发展方向探析》,《中国出版》2002 年第 2 期。

[156]王超:《从公司治理看传媒》,《IT 经理世界》2007 年第 5 期。

[157]王帅:《从历史的沿革看"喉舌论"的新发展》,吉林大学 2007 年硕士论文

[158]王新磊、于卉:《利益相关者理论下公司治理主体的确定》,《商场现代化》2007 年第 2X 期。

[159]王一程:《政治体制改革是社会主义政治制度的自我完善和发展》,《政治学研究》2006 年第 2 期。

[160]魏安周:《资本市场——中国传媒产业化的必由之路》,《湖南大学学报》(社会科学版)2002 年第 S2 期。

[161]文远竹:《反思中国传媒集团化》,《声屏世界》2004 年第 2 期。

[162]夏倩芳:《公共利益与广播电视规制》,武汉大学 2004 年博士论文。

[163]肖赞军:《传媒现代企业制度由模拟到创建》,《当代传播》2007 年第 2 期。

[164]徐卫华、简婷:《基于多元属性的结构重建——我国传媒体制改革刍议》,《新闻大学》2008 年第 2 期。

[165]徐晓谷、何天华:《文化体制改革给媒体带来什么》,《新闻记者》2005 年第 8 期。

[166]杨步国:《直面市场的内容改革与体制改革》,《新闻前哨》2005 年第 6 期。

[167]杨瑞龙、张宇、韩小明、雷达:《国有企业的分类改革战略》,《教学与研究》1998 年第 2 期。

[168]杨瑞龙:《由"股东至上"到"共同治理"》,《光明日报》2002 年 2 月 19 日。

[169]杨瑞龙:《治理结构与竞争力》,《中国金融》2004 年第 22 期。

[170]杨瑞龙:《国有企业治理结构创新思路的选择》,《现代经济探讨》2000 年第 1 期。

[171]杨瑞龙、周业安：《论利益相关者合作逻辑下的企业共同治理机制》，《中国工业经济》1998年第1期。

[172]杨瑞龙：《论转轨时期国有企业治理结构创新战略的选择》，《经济理论与经济管理》1997年第6期。

[173]杨琳、傅才武：《二十年来文化体制改革进程评估》，《江汉大学学报》（人文科学版）2006年第2期。

[174]喻国明：《关于传媒影响力的诠释——对传媒产业本质的一种探讨》，《国际新闻界》2003年第2期。

[175]喻国明、王斌：《规制与突破——传媒产业布局的演变路径》，《新闻与写作》2007年第4期。

[176]于绍莉：《法人治理结构条件下的职代会建设》，《山东省工会管理干部学院学报》2002年第2期。

[177]虞崇胜、王洪树：《政治体制创新：当代中国政治发展的战略选择》，《长白学刊》2006年第5期。

[178]余丽丽：《社会转型与媒介的社会控制》，复旦大学2003年博士学位论文。

[179]中国人民大学经济研究报告课题组：《国有企业治理结构创新的基本构思是用"利益相关者合作"逻辑替代"股东之上"逻辑》，《经济研究参考》1998年第25期。

[180]张金辉：《现代广播媒体经营管理的内容特征及对策研究》，四川大学2005年硕士论文。

[181]张宝权：《利益相关者合作逻辑下的公司治理结构研究》，对外经济贸易大学2005年硕士论文。

[182]张晓群：《我国新闻传媒业的改革与发展》，《开发研究》2004年第2期。

[183]张治中：《传媒公司治理结构与传媒竞争力》，《当代传播》2006年第4期。

[184]卓宏勇：《文化体制改革中的传媒大有可为》，《中国新闻出版报》2006年6月13日。

[185]周劲：《制度环境与传媒治理结构创新——一个传媒治理结构的理论分析框架及其在中国的应用》，《江西财经大学学报》2006年第3期。

[186]周劲：《转型期中国传媒经济的三角分析框架》，《新闻大学》2006年第2期。

[187]周劲：《转型期中国传媒制度变迁的经济学分析》，《现代传播》2005

年第 1 期。

[188]朱富强：《企业治理机制：从单向治理到社会共同治理》，《学术月刊》2007 年第 12 期。

[189]曾小舟、江可申：《利益相关者的共同治理主体及边界确定的经济学分析》，《价格月刊》2007 年第 1 期。

[190]郑丽勇：《论传媒产业的产权改革及思路选择》，《新闻界》2006 年第 2 期。

[191]周葭：《混合所有制——中国传媒产业的一种选择》，《现代传播》2005 年第 1 期。

[192]朱学东　高江川：《2003 传媒业大变局——文化体制改革顺应时势》，《传媒》2003 年 12 期。

英文部分

[193]Akthar, S., Malla, M. K. & Gregson, J. (2003). Mass media. *Communication Abstract*, 26(4).

[194]Aldrich, E. H. (1979). *Organizations and Environments*. Englewood Cliffs, NJ：Prentice Hall.

[195]Aldrich, E. H. & Fiol, C. (1994). Fools rush in? The institutional context of industry creation. *Academy of Management Review*, 19.

[196]Banner, K. David et al. (1995). *Designing Effective Organizations：Traditional & Transformational Views*. California：Sage Publications, Inc.

[197]Berle, A. & Means, G. (1932). *The Modern Corporation and Private Property*. New York：McMillan.

[198]Bowie, N. E. (1991). New Directions in Corporate Social Responsibility. *Business Horizons*, 34(4).

[199]Blair M. M. (1995). *Ownership and Control：Rethinking CorPorate Governance of the Twenty-First Century*. Washington D. C.：Brooking Institute.

[200]Blair M. M. (1998). For whom should corporations be run：an economic rational for stakeholder management. *Long Range Planning*, 31(2).

[201]Beverly, R. (1990). *Organization Transformation Theorists and*

Practitioners: *Profiles and Themes*. New York: Praeger Publishers.

[202] Campbell, J. A. (1998). Self-regulation and media. *Federal Communications Law Journal*, 51(3).

[203] Carroll, A. B. (1996). *Business and society*: *Ethical and stakeholder management (3rd edition)*. Cincinnati, Ohio: Southwestern College Publishing.

[204] Chan, J. (1993). Commercialization without independence: Media development in China. In Cheng, J. and Brosseau, M. (eds.), *China Review 1993*. HongKong: Chinese University Press.

[205] Charkham, J. (1992). Corporate governance: Lessons from abroad. *European Business Journal*, 4(2).

[206] Chen, H. & Chan, M. (1998). Press Freedom in Birdcase. In Chang, J. (ed.), *China After Deng*. Hong Kong: City University Press.

[207] Clarkson, M. (1995). A stakeholder framework for analyzing and evaluating corporate social performance. *Academy of Management Review*, 20 (1).

[208] Curran, J. & Gurevitch, M. (1996). *Mass Media and Society*. New York: Arnold.

[209] Curran, J. (1979). The press as an agency of social control: A historical perspective. In Wingate, G. (ed.), *Newspaper History*: *From the Present Day*. London: Constable.

[210] Cyert, M. R. & March, G. J. (1963). *A Behavioral Theory of the Firm*. Englewood Cliffs, NJ: Prentice-Hall.

[211] Donaldson, T and Dunfee, T. (1999). *Ties That Bind*: *A Social Contracts Approach to Business Ethics*. Boston: Harvard Business School Press.

[212] Donaldson, T. and Preston, L. (1995). The stakeholder theory of the corporation: Concepts, evidence, and implications. *Academy of Management Review*, (20).

[213] Dimaggio, J. P. (1988). Interest and Agency in Institutional Theory, In Zucker, L. (ed.), *Institutional Patterns and organizations*. Cambridge. MA: Ballinger.

[214] Dixon, N. (1999). *The organizational Learning Cycle*: *How We*

Can Learn Collectively. McGRAW-HILL: Book Company Europe.

[215]Drucker, F. P. (1988). The coming of the new organization. *Harvard Business Review*, January.

[216]Evan, W. & Freeman, E. (1993). Stakeholder theory of the modern corporation: Kantian capitalism. In Beauchamp, T. & Bowie, N. (eds.) *Ethical theory and business* (5th edition). Englewood Cliffs: Prentice Hall.

[217]Fame, E. & Jensen, M. (1983). Separation of ownership and control. *Journal of Law and Economics*, (26).

[218]Fama, E. F. (1980). Agency problems And the theory of the Firm. *Journal of Political Economy*, 88(21).

[219]Frederic, W. C. (1988). *Business and Society, Corporate Strategy, Public Policy, Ethics* (6th edition). McGraw-Hill.

[220]Freeman, R. E. (1994). The Polities of stakeholder theory: Some of future directions. *Business Ethics Quarterly*, (4).

[221]Freeman, R. E. & Gillbert, D. R. (1988). *Corporate Strategy and the Search for Ethics*. Englewood Cliffs, NJ: Prentice Hall.

[222]Freeman, R E. (1984). *Strategic Management: A Stakeholder Approach*. Boston: Pitman.

[223]Freeman, R. E. & McVea, J. (2001). A stakeholder approach to strategic management. In M. Hitt, Freeman, E. & Harrison, J. (eds.), *Handbook of Strategic Management*, Oxford: Blackwell Publishing.

[224]Geertz, C. (1973). *The Interpretation of Cultures*. New York: Basic Books.

[225] Gouillart, J. F. (1995). *Transforming The Organization*. McGraw-Hill Book Co.

[226]Golding, P. & Murdock. G. (1996). Culture, communications, and political economy. In Curran, J. & Gureviteh, M. (eds.). *Mass Media and Society* (2nd edition). New York: Arnold.

[227]Goodpaster, K. E. (1991). Business ethics and stakeholder analysis. *Business Ethics Quarterly*, 1(1).

[228]Greiner, E. L. (1972). Evolution and revolution as organizations grow. *Harvard Business Review*, July-August.

［229］Humphreys, J. P. (1994). *Media and Media Policy in Western Europe*, U. S. A: *Oxford Providence*.

［230］WU, G. (2000). One Head, Many Mouth: Diversifying Press Structure in Reform China. In Lee. C. C. (ed.). *Power Money, and Media: Communication Patterns and Bureaucratic in Cultural China*. North western University Press.

［231］Doyle, G. (2002). *Meida Ownership: The Economic and Politics of Convegence and Concentration in the UK and European Media*. SAGE Publications Ltd.

［232］Kooiman, J. & Van Vliet, M. (1999). Governance and Public Management. In Eliassen, K. & Kooiman, J. (ed.). *Managing Public Organizations*. London: Sage publication.

［233］Jensen, M. C. & Meckling, W. H. (1976). The theory of the firm: Managerial behavior, agency costs andownership structure. *Journal of Financial Economics*.

［234］Kavery, R. (1993). *Public Service Broadcasting*. London/ Thousand Oaks/New Delhi: Sage Publications.

［235］Keasey, K., Thompson, S. & Wright, M. (1997). *Corporate Government Economic, Management and Financial Issues*. Oxford University Press.

［236］March, G. J. (1962) . The Business Firm as a Political Coalition. *Journal of Politics*, (24).

［237］McQuail, D. (1983). *Mass Communication: An Introduction*. London: Sage Publications.

［238］Mitchell, A & Wood, D. (1997). Toward a theory of stakeholder identification and salience: Defining the principle of whom and whatreally counts. *Academy of Management Review*, 22(4).

［239］Murdock, G. (1992). Citizens, consumers, and public culture. In Skovmand, M. & Schroder, C. K. (eds.). *Media Cultures: Reappraising Transnational Media*. London/New York: Routledge.

［240］North, D. C. (1990). *Institutions, Institutional Change and Economic Performance*. Cambridge University Press.

［241］OECD(2005). *OECD Guidelines on the Corporate Governance of*

State- Owned Enterprises. http：//www. oecd. org/document.

[242]Petlt，A. T. (1976). A Behavioral Theory of Management. *Academy of Management Journal*，(10).

[243]Phillips，R. (1997). Stakeholder theory and a principle of fairness，*Easiness Ethics Quarterly*，(7).

[244]Schein，H. E. (1990). Ognaizational culture. *American Psychologist*，Febury.

[245]Schramm，W. M. (1973). *Message and Media*：*A Look at Human Communication*. New York：Harper& Row.

[246]Shivdasani，A. (1993). Board composition wwnership structure. and hostile takeovers. *Journal of Accounting and Economics*，(16) .

[247]Smith，C. and Warner，J. (1979). On financial contracting：An analysis of board covenants. *Journal of Financial Economics*，(7).

[248]Shleifer & Vishy. (1996). A Survey of corporate governance. NBER Working Paper 5554，April.

[249]Shleifer & Vishny. (1986). Large shareholders and corporate control. *Journal of Political Economy*，(94).

[250] Tricker，R. (1984). *Corporate Governance*. Gower Publishing Company Limited.

[251] Willimason (1975). *Markets and Hierarchies*. NewYork：The Free Press.

[252]Williamson(1985). *The economic institutions of capitalism*. New York：Free Press,1985.

[253]Willimason(1996). *The Mechanisms of Governance*. Oxford University Press,Inc.

[254]Willimason(1996). Economies and Organization：A Primer. *California Management Review*，38(2).

[255] Zingales (2000). Corporate Governance，NEBR working Paper 6309.

后 记

　　武汉大学与厦门大学,这两所被誉为中国最美的大学串起了我的学术梦想。世纪之交的那年秋天,我考入武汉大学新闻与传播学院,并在此度过了从本科到博士的九年时光。2009 年的秋天,我来到厦门大学新闻传播学院任教,将我的所学、所思、所见、所悟传递给新一代新闻传播领域的莘莘学子。

　　何其有幸! 我进入新闻传播领域至今的十余年,也恰是中国传媒体制改革持续深入的十余年。从 2003 年新一轮文化体制改革迄今,伴随着文化体制改革的不断深化,中国传媒组织也纷纷踏上转企改制的征途,此前作为事业单位的传媒组织中的绝大一部分业已转型为企业,并着力建立现代企业制度与完善法人治理结构。正是基于这一背景,我将博士论文的选题定在中国传媒治理结构研究层面,希望从这一视角形成对中国传媒体制改革更为深刻且全面的认识。我的博士论文完成于 2009 年 6 月,但中国传媒体制改革的进程并未停止,传媒组织的结构也不断发生着变化,本书也适时对博士论文进行了调整与修改。今天本书终于付梓出版,我更愿意将其视为我求学生涯的一个见证与纪念,以及未来学术生涯的基石和起点。

　　感谢我的导师张昆教授及其夫人周芳老师。博士论文的研究方向选定、提纲撰写,以及论文的写作与修改一直得到张老师的悉心指导。博士毕业后,张昆老师也时常对我的工作和生活给予关心。他深厚的理论功底、严谨的治学态度与真诚的为人品格给我树立了榜样。感谢师母周芳老师,她的关爱与照顾令在异乡求学与工作的我倍感亲切。感谢我的硕士导师李敬一教授,他在我读博期间一直给予我无私的帮助，本书的完成也得到了他的点拨与指正。李敬一老师豁达、乐观的生活态度和浪漫的情怀也使得我对生活抱有感恩之情。感谢王瀚东教授，他作为我本科毕业论文的指导老师，教予我对学术应有的态度，并激发了我对科研的兴趣。感谢武汉大学新闻与传播学院的张金海教授，我博士期间的主要课业在他主持的武汉大学媒体发展研究中心完成，正是在这里，我形成了对传媒经济这一研究领域的系统认识。感谢我的同门胡正强教授、国秋华博士、陶喜红博士、王春芳博士和钱广贵博士，他们既是同门又是师长，对我的学习和生活都提供了关怀和帮助。

感谢厦门大学新闻传播学院。本书能够顺利出版，得益于厦门大学新闻传播学院的支持和资助。我在厦门大学任教的这五年时间有着非常愉快的工作经历，学生活泼具有创造力、同事如朋友般融洽，领导们也对青年教师成长给予支持。张铭清院长的谆谆教导、黄星民常务副院长的率性真诚、黄合水常务副院长的严谨、阎立峰副院长的谦和、邓朝晖书记如沐春风般的温暖，都让我受益匪浅，值得我学习和铭记。

感谢并感激我的父母和先生，他们对于我的成长、学业与工作一直无私地奉献着。

谨将此书献给他们！

殷　琦

2014 年 12 月 15 日

于厦门五缘湾